KB233284

음악가 내 친구들

음악가 내 친구들

채승기 **지음**/ 모두출판협동조합(이사장 이재욱) **펴냄**/ 2017년 5월 29일 **초판 1쇄 발행**/
교정교열 이춘호/ **디자인** 이정윤/ ISBN 978-89-957050-6-3(03670)
ⓒ채승기, 2017
modoobooks(모두북스) 등록일 2017년 3월 28일/ **등록번호** 제 2013-3호/
주소 서울 도봉구 덕릉로 54가길 25(창동 557-85, 우 01473)/
전화 02)2237-3316/ **팩스** 02)2237-3389

*책값은 뒤표지에 씌어 있습니다.

mod01

음악가 내 친구들

지은이 / 채승기

◆

음악가의 시선으로
바라보는 세상

　화려해 보이는 무대, 그 밖에서 육체적으로나 정신적으로 피곤한 음악가들을 따뜻하게 맞이해주는 이들은 의외로 적습니다. 그것은 음악가들끼리도 크게 다르지 않습니다.

　사람들은 음악과 그것을 둘러싼 외적인 관계에는 열광하지만 정작 그들끼리의 속 깊은 우정은 결핍되어 있거나 인색한 경우가 많습니다.

　이 책을 쓰게 된 동기는 단순합니다.

　세상의 시선으로 음악가를 바라보는 것이 아니라, 음악가의 시선으로 세상을 바라보고 싶었습니다. 피상적인 성공에만 환호하는 경박함과 사람이 지닌 가치보다는 얼마나 소유했느냐를 우선시하는 천박함을 기꺼이 받아들인 저 자신에 대한 고백이기도 합니다.

　무작정 좋아 시작했던 음악이 무심코 누적되어 음악과 삶이 더 이상 구분되지 않았을 때, 문득 다시 바라본 바흐와 모차르트, 그리고 슈베르트와 브람스는 저 자신이 애틋함으로 삶을 지탱했던 순간들이었습니다.

　그들은 한동안 잊혀졌던 나의 모습이었고 제가 사랑하는 동료들의 모습이었습니다.

　역사 속 음악가들의 얘기는 화석처럼 굳어진 기억이 아니라 지금을 살아가는 음악가들이 필름과 같이 돌아가는 오늘날의 고백인 셈입니다.

소박한 이 이야기를 꾸밀 수 있게 영감을 준 톡 클래식 그룹 패밀리와 제 친구들, 그리고 지인 분들과 가족에게 깊은 감사를 드립니다.

톡 클래식 그룹을 시작할 수 있게 늘 옆에서 힘이 되어준 윤형석 이사와 피아니스트 김은옥 선생, 첼리스트 신은주 선생, 피아니스트 정형준 선생, 이수영 선생, 심영예 선생, 소프라노 최윤정 선생, 플루티스트 목정윤 선생, 오보이스트 손연지 선생, 베이스기타리스트 황경수 선생 그리고 사회복지사 김안나 선생과 이태리에서 늘 응원해 주신 마에스트로 황인상 선생께 우선 감사드립니다.

그리고 오랜 세월 헤어져 잊고 있던 기억을 다시 우정의 이름으로 소비하게 해주며 아낌없이 도와준 부경섭, 류재식, 김용범, 이창학, 부경돈, 강지윤, 양진혁, 고성림, 양수현, 유병규, 김태형, 김종범, 오동석, 최용준, 백상철을 비롯한 제주제일고등학교 제26회 동창 여러분, 그리고 제주 오현고등학교 31회 강경인과 김은갑에게도 고마움을 전합니다.

마지막으로 저로 하여금 음악가의 시선과 품위를 유지할 수 있도록 해주신 김영실 선생님, 진성만 선생님, 경희대학교 이창수 교수님, 전북대학교 윤세억 교수님, 그리고 프라움악기박물관 김정실 회장님, 박춘석 부관장님과 글이 업이 아닌 제 글에 용기를 주신 송태효 박사님과 혼을 담아주신 이재욱 대표님, 그리고 타향과 같던 음악을 지탱할 수 있도록 평생을 지켜주신 어머니와 현기, 그리고 큰삼촌이신 토펙엔지니어링 김희철 회장님께 깊은 감사를 드립니다.

2017년 봄
지은이

차례

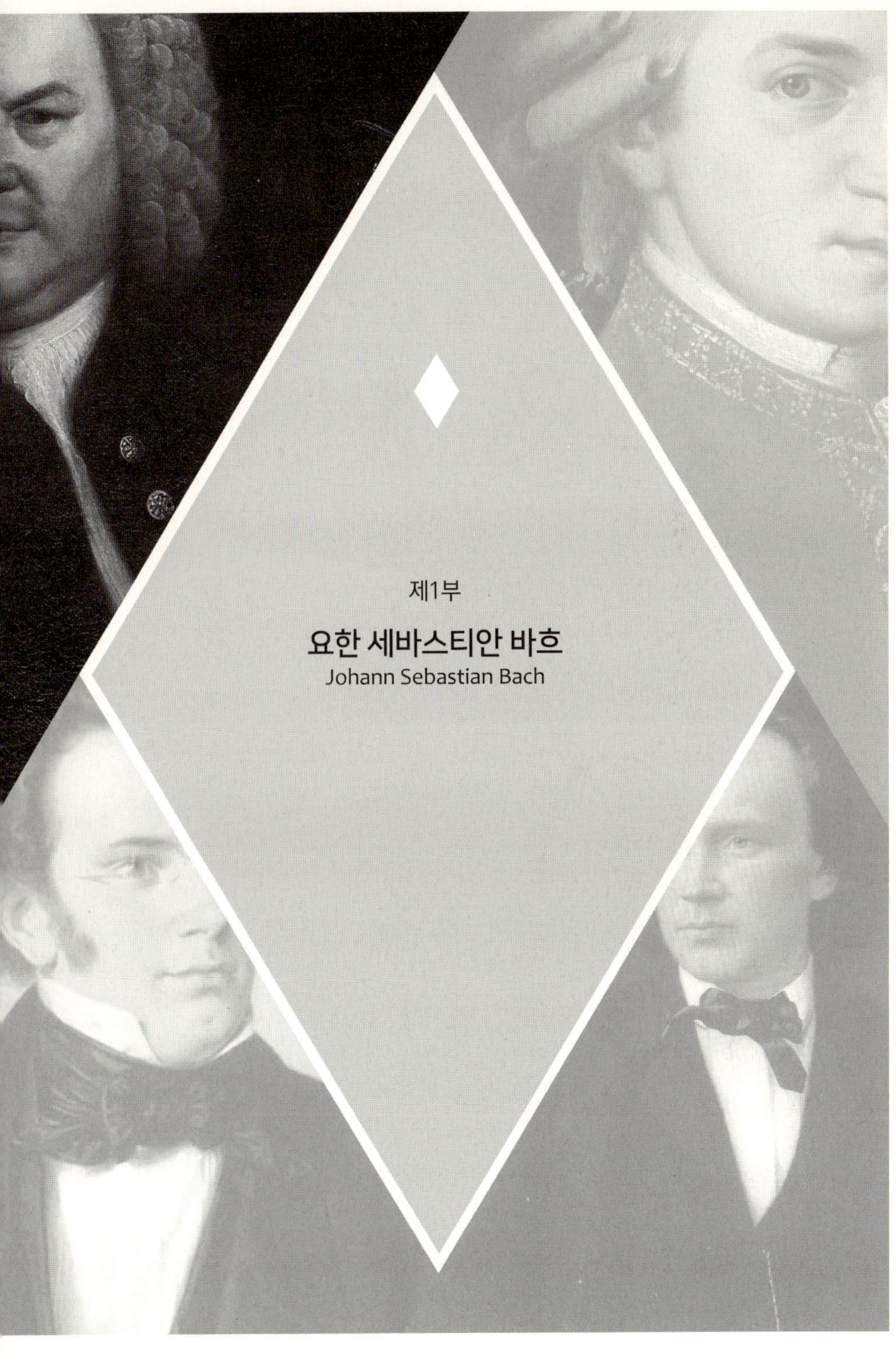

제1부

요한 세바스티안 바흐
Johann Sebastian Bach

요한 세바스티안 바흐
Johann Sebastian Bach, 1685~1750

헨델과 같은 해 독일에서 태어나다. 1685년 3월 21일 튀링겐의 숲 서북단의 자그마한 문화도시 아이제나흐에서 J. 암브로지우스의 막내아들로 태어났다.

바흐의 가문은 대대로 독실한 프로테스탄트 집안으로 200년에 걸쳐 50명 이상의 음악가를 배출해 온 유럽 최대의 음악가계였다. 9세 때 어머니, 10세 때 아버지를 잃은 뒤, 오르간 주자였던 맏형 요한 크리스토프(Johann Christoph, 1645~1693)의 보호 아래 학교 교육과 음악 교육을 받았고, 1700년(15세)부터는 뤼네부르크Lüneburg로 옮겨 학업과 음악 공부를 계속했다.

1703년 바이마르 공公의 조카 요한 에른스트의 궁정 바이올리니스트로 취직하고, 이어 아른슈타트Arnstadt의 신교회 오르가니스트 겸 합창 지휘자로서 음악 활동의 첫걸음을 내디뎠다. 이 무렵 대大오르가니스트 북스테후데의 연주를 듣기 위해 휴가를 얻어 뤼베크Lübeck로 도보 여행을 했다가 귀임이 늦어지는 바람에 아른슈타트를 떠나게 된다.

1707년(22세) 뮐하우젠Mühlhausen의 교회 오르가니스트로 취임하여 서로 사랑하던 마리아 바르바라Maria Barbara와 결혼하고 적극적으로 교회 음악의 개혁을 주도했으나, 교회와의 음악관 대립으로 물러난다.

1708년 또다시 바이마르Weimar의 궁정 음악사로 취직했다. 열렬한 문화 보호자인 프로테스탄트 영주 빌헬름 에른스트(요한의 숙부)는 교회 음악을 중시하고 바흐에게 충분한 지원을 해줌으로써 이후 1717년까지 10년간 바흐는 혜택 받은 환경 속에서 타고난 재능으로 풍부한 열매를 거둔다.

당시 협주곡 양식 등 음악적 성과와 더불어 5명의 아이를 키우는 행복한 가정생활을 누렸지만, 바이마르 공과 불화가 생겨 새롭게 활동할 곳을 찾아 쾨텐 Cöthen으로 향한다.

1717년(32세) 쾨텐 공 레오폴트는 바흐를 궁정 악장에 임명하고 후하게 대우했다. 젊은 쾨텐 공은 비록 교회 음악은 중시하지 않았지만, 폭넓고 깊이 있는 음악적인 교양이 있었고, 궁정 악단도 뛰어났다. 악단의 지휘와 실내악의 연주를 위임받은 바흐는 명랑하고 활달한 기악곡의 창작에 몰두하여 <브란덴부르크 협주곡(협주곡)>과 <평균율 클라비어곡집(독주곡)>을 비롯한 기악곡의 대부분을 여기서 완성했다.

1720년(35세) 사랑하던 아내를 갑자기 잃고 비탄에 잠겼으나, 이듬해에는 안나 막달레나Anna Magdalena와 재혼했고, 두 사람 사이에는 이후 13명의 아이가 태어난다. 같은 해에 맞이한 레오폴트 아내의 음악에 대한 몰이해로 쾨텐 공의 음악 열은 식어갔고, 바흐도 성장한 자식들의 장래를 위해 대학이 있는 도시로 이주를 열망하면서 행운이 따랐던 쾨텐을 떠나 라이프치히의 교회에 취직한다. 활기에 넘친 라이프치히Leipzig에서 문화의 중심은 대학과 교회였고, 특히 성 토마스 교회는 음악 교육에 열심이어서 부속 고등학교를 갖고 있었다.

1723년(38세) 바흐는 드디어 이 학교의 칸토르(합창장)에 임명되고, 학교와 교회 음악의 모든 책임을 맡았던 그의 적극적인 활동은 학생들의 열렬한 지지를 받았지만, 시와 교회와 대학이라는 세 체제 간의 반목 때문에 뜻대로 되지 않을 때가 많았다.

이윽고 그토록 왕성했던 의욕도 줄어들어 다른 도시로의 이직까지 생각하게 되고, 1733년에는 드레스덴Dresden의 궁정 음악가가 되려고 <미사 b단조>의 일부를 가톨릭 신자인 작센 선거후選擧候에게 헌정하기도 한다.

라이프치히에서의 교회 음악 창작은 <마태 수난곡(성악곡)>을 완성한 1729년(44세)경을 정점으로 해서 쇠퇴해 간다. 그리고 계몽 사조가 지배하기 시작했던 당시 그의 음악은 너무 기교적이어서 자연스러움이 결여되었다는 비난을 받기도 했다.

1736년(51세)경부터는 주로 방대한 자신의 작품을 정리, 개정, 출판하는 일을 했고, 음악가로서 대성한 아들들의 활약은 고독한 바흐에게 커다란 위로였다.

1747년(62세), 프리드리히 대왕을 섬기는 엠마뉴엘을 베를린으로 찾아간 바흐는 왕의 접대에 의해 장수시Sans Souci의 궁전에서 어전 연주를 했다. 이 마지막 영광이 인연이 되어 <음악의 헌정(실내악곡)>을 완성한 바흐는 오로지 <푸가의 기법(실내악곡)>에 심혈을 쏟아 대위법 음악의 정수를 나타내려 힘썼다. 그러나 시력의 급격한 쇠약 때문에 이 대작은 미완으로 끝났고, 한때 시력을 회복했으나 1750년(65세) 졸중卒中의 발작에 쓰러져 3월 28일 타계하였다.

바흐(독일)는 <푸가의 기법(실내악곡)>에서 볼 수 있듯이 전통적인 음악의 완성자였지만, 한편으로는 평균율을 적극 사용하고, 베토벤으로 하여금 '화성의 아버지'라고 부르게 했던 새로운 음악의 개척자이기도 했다.

바흐는 열렬한 프로테스탄트로서의 깊은 신앙과 근대적인 시민정신에 입각한 대담하고 호탕한 인간성을 바탕으로 전통성과 미래 지향성을 종합한 음악을 창조할 수 있었다. 바흐의 음악이 종교라는 테두리를 넘어 오늘날까지 커다란 감동을 불러일으키는 것은 그 때문이며, 음악 그 자체로서도 높은 가치를 지녔기 때문이다.

주요작품은 <관현악 모음곡 제2번 b단조(관현악곡)> <관현악 모음곡 제3번 D장조(관현악곡)> <브란덴부르크 협주곡(협주곡)> <바이올린 협주곡 제1번 a단조(협주곡)> <바이올린 협주곡 제2번 E장조(협주곡)> <2개의 바이올린을 위한 협주곡 d단조 3악장(협주곡)> <음악의 헌정(실내악곡)> <푸가의 기법(실내악곡)> <평균율 클라비어곡집(독주곡)> <프랑스 모음곡(독주곡)> <영국 모음곡(독주곡)> <골트베르크 변주곡(독주곡)> <반음계적 환상곡과 푸가(독주곡)> <이탈리아 협주곡> <푸가 g단조(독주곡) BWV.578> <토카타와 푸가 d단조(독주곡)> <전주곡(환상곡)과 푸가(독주곡) g단조 BWV.542> <파사칼리아 c단조(독주곡)> <6개의 무반주 바이올린 소나타(독주곡)> <G선상의 아

리아(독주곡)> <6개의 무반주 첼로 모음곡(독주곡)> <무반주 플루트 소나타 제1번 b단조(독주곡)> <미사 b단조 BWV.232(성악곡)> <요한 수난곡(성악곡) BWV.245> <마태 수난곡(성악곡)> <마니피카트 BWV.243(성악곡)> <칸타타 제4번(성악곡) 그리스도는 죽음의 포로가 되어도 BWV.4> <칸타타 제6번(성악곡) 저녁이 되니 나와 함께 있으라> <칸타타 제56번(성악곡) 나 기꺼이 십자가를 지겠노라> <칸타타 제80번(성악곡) 우리의 하느님은 견고한 성이시도다> <칸타타 제140번(성악곡) 눈 뜨라고 부르는 소리 있도다> <칸타타 제211번(성악곡) 가만히 잠자코 말하지 말아요> <칸타타 제212번(성악곡) 우리들은 새 영주님을 모셨다>등이다.

오르가니스트 바흐와
시대적 배경들

바로크 시대의 일반 대중에게 음악 감상과 미술 감상은 근본적으로 달랐다. 루이 14세의 위엄과 프랑스 베르사유 궁전의 화려함에 그나마 대응할 만한 게 이탈리아에서는 오페라였다. 이탈리아의 영주들은 비록 프랑스의 왕처럼 어마어마한 궁전은 짓지 못해도 그들의 허영을 채우기 위해 까짓 오페라 극장 하나쯤 갖는 것은 가능한 일이었다. 그리고는 독일에서 오케스트라 주자를, 본토 이탈리아에서는 성악가들을 싼 값에 얼마든지 쓸 수 있었다.

바흐가 활동하던 시절 일반 대중에게는 미술보다 음악이 원래부터 향유하기 쉬운 오락이고 여흥이었다. 제 아무리 비싼 음악회 티켓도 사실 미술품 소유에 비하면 보잘 것 없기 때문이다. 중년 분들은 그 유명한 만화영화 <플란다스의 개>에 나오는 주인공 네로가 마지막 순간에 안트베르펜 성모대성당의 루벤스의 그림을 보기 위해 어떻게 했는지 떠올리시면 될 듯하다. 반면에 어느 정도 돈만 내면 신분에 관계없이 누구나 들어갈 수 있는 게 오페라극장이었다.

대중은 미술보다 음악을 향유하기 쉬웠다

15세기 말의 '마르틴 루터(Martin Luther, 1483~1546)'는 눈에 보이는 모든 것(미술품)은 우상 숭배로 간주했기 때문에 눈으로 보는 그림 대신에 귀에 호소하는 음악을 선호했다. 루터 본인이 플룻과 류트를 연주하고 성가를 작곡한 음악가이기도 했다.

이렇듯 초창기의 프로테스탄트 교회는 음악과 더불어 발전을 꾀했고, 바로크 오르간은 바로 가장 뛰어난 산물이었다. 다시 말해 오르간은 최첨단의 정교하고 복잡한 문명의 산물인 동시에 가사가 있는 성가가 끝난 다음 경건한 효과음으로 신자들의 신앙심을 고무시키기에 충분한 악기였다. 이러한 시대적 배경은 뛰어난 오르가니스트 바흐의 등장을 예고하고 있었던 셈이다.

바흐가 유명해지기 전의 독일에는 '북스테후데(Dietrich Buxtehude, 1637~1707)'가 있었다. 그는 당대의 뛰어난 교회 음악가였다. 뤼벡에 있는 성 마리아 교회의 오르가니스트인 그의 명성은 당시에 가장 큰 오르간을 소유하고 있던 그 교회 이상으로 엄청났다. 참고로 이곳의 오르간은 세 단으로 이루어진 건반과 페달, 52개의 스톱을 갖춘 대규모의 오르간이었다. 하지만 당시의 오르간들을 순정률로 조율되어 있어 조바꿈이 자유롭지 못한대도 불구하고 북스테후데는 자유롭게 조바꿈을 하였고, 페달에 트릴을 도입하여 연주의 새로운 경지를 개척한 인물이다.

아른슈타트의 성 보니파체 교회의 오르가니스트였던 바흐는 다혈질인 성격 탓으로 사사건건 교회와 마찰을 일으키다 4주간의 휴가를 얻어 약 400km 떨어진 성 마리아교회의 북스데후데를 찾아간다. 이 때가 1705년이다. 20살의 혈기왕성한 젊은이가 68세의 거장을 만나게 된 것이다.

노장의 눈에 든 바흐는 스카우트 제안을 받지만 거절한다. 이것은 바흐가 워낙 뛰어난 오르가니스트였다는 걸 반증하는 사실이기도 하다. 이 당시 바흐는 정확히 어떤 이유인지는 밝혀지지 않았지만 허락된 4주가 아닌 4개월을 뤼벡에 머물렀다. 짐작컨대 노장의 음악을 배우려 했던 게 아닐까 추측한다.

이 뤼벡Lübeck의 마리아 교회에는 소위 '저녁음악회'라는 콘서트가 있어 많은 음악가들과 청중들이 그의 연주와 또 다른 음악가들의 연주를 듣기 위해 몰려들곤 했다. 참고로 이 음악회는 당시 획기적인 것으로서 북스테후데의 전임자 툰더가 뤼벡 지역 사업가들의 후원을 받아 만든 음악회였다.

이 전통을 이어 받아 북스테후데는 크리스마스 5주 전 일요일 오후 예배를 본 다음, 저녁음악회를 열었다. 프로그램은 종교음악과 오르간 곡이었다. 입장료는 무료였고, 지방 상인들의 후원금으로 운영되었다.

이 때 바흐는 아른슈타트로 돌아가도 일하던 교회에는 다시 돌아갈 생각이 없었고, 그 교회도 고분고분하지 않은 바흐가 싫긴 매한가지였다. 바흐 입장에서는 여기서 일하면 좋겠다는 생각을 왜 하지 않았겠는가? 어차피 자신에게 주어진 4주간의 휴가를 다 소비해버리지 않았는가? 뤼벡에 있는 마리아교회의 오르가니스트가 되는 것은 그야말로 당시 음악가들의 선망이 대상이었으니 말이다.

그런데 조건이 고약했다. 뤼벡 교회의 오르가니스트가 되려면 전임자의 딸과 결혼해야 한다는 것이었고, 사실 북스테후데도 전임자인 툰더의 딸과 결혼해서 이 자리를 얻었기 때문이다. 그게 교회법이었다. 직계인 아들이나 딸의 남편에게만 자리를 물려줄 수 있었는데 안타깝게도 북스테후데에게는 자신의 자리를 물려줄 수 있는 아들도 사위도 없었다.

20살의 청년이 앞날이 보장되는 일자리에 스카우트 제안을 받은 상태인데 전해지는 얘기에 의하면 북스테후데의 딸이 좀 못생겼다 하여 거절했다고 알려졌다. 이 얘기를 뒷받침하려고 헨델까지 동원된다. 이미 2년 전(1703년) 북스테후데는 자신의 연주를 듣기 위해 찾아왔던 헨델과 마테존에게도 같은 제안을 했지만 거절당했다고 한다. 외모 편향주의의 자극적인 에피소드다.

당시 북스테후데의 딸 안나 마르가레타는 바흐와 헨델보다 10살 연상이었다. 북스테후대의 딸의 외모에 상관없이 이미 바흐에게는 어린 시절부터 사랑하는 마리아 바르바라가 있었다는 사실을 간과해서는 안 된다.

전기 작가들이 지적하는 바흐의 젊은 시절 성격은 우직하고 정직하며 타협할 줄 모르고 다소 다혈질적이다. 일자리도 알아보고 거장의 연주도 들으러 간 바흐는 뤼벡에서 돌아와 1707년 6월에 뮐하우젠의 오르가니스트로 자리를 옮긴다. 그리고 그해 10월에 육촌 누이 동생인 바르바라와 결혼했다. 훗날 이 두 사람 사이에 태어난 일곱 자녀 가운데에서 장남인 빌헬름 프리데만과 차남 칼 필립 엠마누엘이 역사에 남는 음악가들이다.

그리고 당시 북스테후데의 영향을 받은 바흐의 유명한 곡이 바로 BWV565 <토카타와 푸가 d단조-Toccata and Fugue in d minor>이다. 어쩌면 바흐는 쉽게 풀릴 수도 있는 인생을 거부하고, 힘겹게 풀어내며 살아야 하는 인생을 스스로 택했던 것이다.

지금의 위대한 바흐는 그 당시엔 무명의 음악가였다. 바흐는 사후死後 한참 뒤인 낭만주의 음악가들에게 비로소 조명되기 시작하면서, 그간 못다 한 신격화 작업도 병행된 대표적인 유럽 작곡가다. 바흐도 위대하지만, 그를 위대하게 만든 독일도 대단하긴 매 한 가지다. 바흐가 초창기에 등장하는 역사를 짚어보는 것이 세상의 무심함과 무지함 속에 묻혀 있고, 곧 묻혀갈 수도 있는 이 시대의 비범한 음악가들을 생각하고 보듬는 이유다. 세상의 무심함과 무지함에 목말라 할 것이 아니라 상대 음악가를, 나보다 비범한 음악가를 칭찬하다 보면, 누가 알겠는가? 바흐처럼 상품화되고 또 신격화도 될지….

'칸토르Cantor'와 '카펠마이스터Kapellmeister'의 고단함

음악 관련 서적을 읽다 보면 '칸토르Cantor'와 '카펠마이스터Kapellmeister'라는 용어가 자주 언급된다. 요즘은 교회나 사회에서 통칭해서 '음악 감독' 정도로 쓰이는 이 용어를 단순히 사전적으로 해석하기보다 역사적으로 '칸토르'와 '카펠마이스터'의 본질적인 위치를 먼저 언급하는 것이 이해에 도움이 될 듯해서 한 번 짚어 본다.

18세기 유럽에는 '오르골(길이나 다른 금속판을 음계로 활용하여 여기에 바늘이 촘촘히 붙은 원봉을 부착하고 태엽으로 원통을 돌려서 일정한 선율을 재생하는 장치)'이라는 귀족들의 장난감이 있었다.

결론부터 말하면 바흐와 같은 시절에 음악가들의 신분과 처지는 귀족들의 살아 움직이는 '인간 오르골'과 다를 바 없었다. 귀족들이 음악을 듣고 싶으면 늘 준비해놓고 있다가 달려가야 했으니까. 이처럼 궁정이나 교회에서 음악가들의 지위는 상당히 낮은 계층에 속했는데, 요리사보다 그 직책이 낮았다. 바흐 이후의 '하이든(Franz Joseph Haydn, 1732~1809)'도 일생에 걸쳐 거의 30여 년 동안 에스테르하찌 궁정의 고용인으로 살았고, 주인의 허락 없인 여행도 자유롭게 다니지 못했으며, 그가 자유를 얻은 건 80세가 다 된 이후였다.

'모차르트(Wolfgang Amadeus Mozart, 1756~1791)' 역시 천방지축의 성격 탓에 자유로운 모습으로 그려지지만, 사실 사회적 지위는 크게 다르지 않았다. 모차르트가 자신의 고용주인 잘츠부르크의 '히에로니무스 콜로레도' 대주교에게 쓴 편지 중 아래와 같은 글이 있다.

"주인어른의 육체적 하인과 영혼의 하인 양쪽 모두가 모여 식사를 합니다. 제빵 요리사, 감독관, 그 외 두 명의 요리사…그리고 저입니다. 여기서는 육체적 하인이 저보다 서열이 높다는 점입니다."

바흐 역시 마찬가지 신세였다. 그는 생의 후반기를 라이프치히 성 토마스 교회의 '칸토르(아래에 직책 설명)'로 봉직하였는데, 그 자리에 고용될 때 작성한 계약서는 그 시대의 음악가들이 얼마나 고된 노동에 시달렸는지 잘 보여준다. 전체 13조로 되어 있는 내용 중 일부를 살펴보면 다음과 같다.

"1조, 성실한 생활과 행동으로 학생들에게 모범을 보이고, 열성적으로 임하며 학생 지도에 충실을 다한다.(중략)

3조, 시의회에 최대한 존경과 복종을 하고, (중략)의원들 중 누구나 음악을 듣고자 원하면 바로 학생을 보내줘야 한다.

4조, 책임자들과 검열관에게 복종해야 하며, (중략)교회의 불필요한 지출을 줄이기 위해 학생들에게 성악뿐 아니라 기악도 가르쳐야 한다. (중략)책임자의 허가 없이는 절대로 도시를 떠나서는 안 된다.(중략)

13조, ('칸토르'란 직책에도 불구하고 시의회나 귀족들과 나란히 서지 못하고) 장례식에서는 학생들 옆에서 행렬에 참가해야 한다."

물론 21세기 음악가들의 위상은 많이 달라졌지만, 어딘지 모르게 마음이 편치 않다는 사실은 이 시대를 살아가는 음악가라면 알고 있을 것이다. 어쨌든 이런 고용계약서에 바흐는 서명을 했다. 그것은 당대의 문화 조건이었고, 음악가의 운명이었다.

이런 시대 상황을 이해하고 '카펠마이스터'나 '칸토르'를 얘기하는 게 다소 도움이 될 것 같다. 아래 내용 중 일부는 이미 널리 알려졌지만, 조금 다른 관점도 있어서 정리해 본다.

얼핏 '칸토르Cantor'와 '카펠마이스터Kapellmeister'는 문자 그대로 해석하면 둘 다 교회에 속한 음악가들로 해석되지만, 사실 시대와 종교에 따라 조금 차이가 있다. 일부 번역서에서는 혼돈되게 기술되어 있어서 약간의 고찰이 필요한 용어이기도 하다. 역사적으로는 '칸토르'란 용어가 음악사에 먼저 등장했지만, 바흐의 경우는 '카펠마이스터'를 먼저 지냈으므로 '카펠마이스터'부터 언급해 보자.

①독일어 '카펠마이스터'는 문자 그대로 해석하면 교회(카펠)의 주인(마이스터)으로 얼핏 교회에만 속한 음악감독인 것처럼 보인다. 그러나 실제로는 교회와 동시에 귀족들, 즉 궁정에 고용된 음악가들의 감독이라 보는 것이 타당하다. 왜냐하면 당시에 궁정에서 일한다는 것은 곧 궁정이 속한 교회에서도 일하게 되는 것이었기 때문이다. 참고로 대략 1500~1800년 사이의 이탈리아, 프랑스, 독일, 스페인 등에서 교회와 수도원 또는 귀족들을 위해 일하는 음악감독으로 같이 쓰였다고 보면 된다.

실제 교회뿐 아니라 18세기 유럽의 여러 왕실에서 '카펠마이스터'란 직업이 기록으로 남아있다. 그런데 카펠마이스터는 당연히 기독교인이어야 했고 당연히 교회와 궁정에서 동시에 일해야 했다. 국내에 출판된 일부 음악관련 서적에는 '궁정악장宮庭樂長'이라고 번역되어 있어서 궁정에서 일하는 궁정악사들의 감독으로만 오해할 수 있지만, 실제는 궁정과 교회 양쪽에서 일한 것으로 보는 것이 보다 정확한 해석이다.(물론 지역에 따라 교회의 직분만을 얘기하기도 한다).

바흐의 경우는 쾨텐 시대(1717~1723) 이전인 바이마르 시대(1708~1717), 즉 젊은 바흐가 대가의 반열에 오르던 때, 기록상으로는 정확히 1714년 '콘서트마스터(지금의 오케스트라 악장, 당시에도 '카펠마이스터'보다 아래 직급)'에 임명되었다는 기록이 있다. 이때 이미 바흐는 궁정에 있는 교회의 오르가니스트였으므로 궁정과 교회에서 동시에 직분을 수행했던 것이다.

그리고 드디어 1717년 8월 바흐는 쾨텐 궁정에 악장으로 취임한다. 전체적인 서열에선 낮았다 하더라도 궁정악장은 당시의 독일에서 음악가가 바랄 수 있는 최고의 사회적 지위였다. 그런데 아이러니컬하게 쾨텐의 궁정은 '캘빈주의'여서 교회음악을 그다지 중요하게 여기지 않았기 때문에 바흐의 중요한 직무는 영주나 귀족들을 위하여 세속적인 합주곡이라든가 실내악을 작곡하는 일이었다.

너무 유명한 6곡의 <브란덴부르크 협주곡, BWV1046-1051>, <무반주 바이올린을 위한 소나타와 파르티타, BWV1001-1006>, <무반주 첼로 모음곡, BWV1007-1012>를 비롯하여 그의 세속적 기악곡의 대다수가 이 시대에 작곡되었다. 결국 쾨텐 시절의 '카펠마이스터' 바흐는 교회보다는 귀족들을 위해 일했던 셈이다.

②'칸토르'는 라틴어로 해석하면 '노래하는 사람'이란 뜻이다. 중세 가톨릭교회에서는 미사 때 성가대의 선창자先唱者로서, 성가의 독창 파트를 부르는 솔로 또는 그룹을 지칭하는 용어이기도 하다(대개 2~6인으로 구성).

물론 그 이전에 '칸토르'는 유대교 집회에서 예배 기도를 지도하고 성가를 이끌었으며, 또한 교회 전체에 걸쳐 회중 예배를 관장하거나 의식들을 보조하기도 했다.

프로테스탄트 교회에서는 일반적으로 교회의 '음악 감독'을 일컫는다. 프로테스탄트 교회에서는 노래하는 선창자라기보다는 오히려 작곡가, 지휘자, 교육자(음악학교 교장)처럼 광범위한 역할이라고 보는 게 맞고, 그게 라이프치히 시대(1723~1750) 바흐의 직책이었다. 이때는 교회 뿐 아니라 시당국의 음악 감독까지 확대되었다.

좀 더 자세히 살펴보기로 하자.

바흐는 독일 바로크의 중요한 작곡가 '요한 쿠나우(Johann Kuhnau, 1660~1722)'의 후임으로 '성 토마스 교회'의 '칸토르'에 선출되었고, 1750년 세상을 떠날 때까지 27년 동안 이곳에 머무르며 교회 음악의 최고 책임자로서, 또 사실상의 라이프치히 시의 음악 감독으로 활동을 계속한 것으로 기록되어 있다.

이 시대의 작품으로는 <마태 수난곡, BWV244>, <나단조 미사, BWV232>, <크리스마스 오라토리오, BWV248> 등 약 160곡의 교회 칸타타와 같은 교회 성악곡이 있었는데, 최근의 연구에 의하면 그 대부분은 라이프치히 시대의 최초 수년간에 작곡된 것이라고 한다.

그리고 그 이후의 라이프치히 시대는 교회와 사이가 좋지 않아 종교음악 작곡은 거의 하지 않았던 것으로 보인다.

다시 말해서 라이프치히 시대의 바흐는 이미 '카펠마이스터'를 지내고 정착한 시기라 '칸토르'라는 직책만 보면 교회에만 충실한 듯 보이나, 당시는 라이프치히 시의 음악을 책임지는 총감독의 역할도 같이 수행했다.

그 와중에 자기의 이상을 끝까지 관철하고자 했던 고집스런 바흐는 시의 당국자나 교회의 책임자들과 자주 충돌하였으며, 교회 음악의 일에 점점 열의를 잃어갔다는 것이 최근의 연구를 통해 밝혀졌다.

이를 증명하듯 1724년 이후 교회 음악의 창작은 급격히 수요가 줄고, 그 대신 세속 칸타타나 세속적 기악곡이 중요한 위치를 차지하게 된다.

또한 1736년 즈음부터는 새로운 경향이 나타나기 시작하였는데,

이전에 작곡한 것을 고치기도 하고 몇 편의 작품을 '곡 집' 형태로 정리하기도 하였으며, 또는 그것들을 적극적으로 출판하기도 하였다. <클라비어를 위한 파르티타, BWV825-830>, <이탈리아 협주곡, BWV971>, <골든베르크 변주곡, BWV988> 등이 그 예다.

1747년 5월, 바흐는 포츠담의 궁정으로 프리드리히 대왕을 방문하고 왕이 제시한 주제를 바탕으로 즉흥연주를 선보였다. 그 유명한 <음악의 헌정, BWV1079>이 바로 그것이다.

그리고 1748년부터 다음 해에 걸쳐 최후의 대작 <푸가 기법, BWV 1080>의 작곡이 진행되었으나, 1749년 5월 뇌출혈로 쓰러지고 시력도 잃어서 <푸가 기법>의 완성을 보지는 못했다.

바흐가 '카펠마이스터'와 '칸토르'로 보낸 삶을 통해 당시 고단했던 음악가로의 사회적 위치를 잠시나마 생각해 본다.

◆

<커피 칸타타>에 담긴
시대상과 유머

커피하우스 공연을 위해 탄생한 곡

바흐가 1732년경 작곡한 <칸타타(Secular Cantate No.211 Schweight Stille, plaudert nicht("Coffee Cantata"), BWV 211>는 내레이터와 2명의 주인공이 나와 희극 오페라를 공연하듯 진행하는 것이 특징이다.

18세기에 광고 음악이 있었으랴만, <커피 칸타타>라는 별명으로 알려진 바흐의 <칸타타 BWV 211>은 은근한 홍보 효과를 노려 커피하우스에서 연주되었으니 바흐 역시 18세기 식 광고 음악에 기여했던 셈이다.

바흐 시대의 라이프치히에서는 커피가 대유행이었다. 가정마다 커피를 즐기는 것은 물론 시내의 커피하우스들은 커피를 마시며 담소를 즐기려는 사람들로 대성황이었다.

커피하우스가 사교장 역할을 하다 보니 때로는 거기서 소규모 공연이 이루어지도 했다. 커피하우스 공연을 목적으로 탄생한 바흐의 <커피 칸타타> 역시 일종의 커피 홍보 음악이자 작은 희극 오페라 같은 매혹적인 작품이다. <커피 칸타타>는 바흐가 희극적인 양식의 음악에도 얼마나 뛰어났는지 보여준다.

우리나라에서는 언제부터 커피가 유행했을까? 그렇게 오래되지는 않았을 성싶다. 1897년 고종이 러시아 공사관에서 숭늉을 대신해 처음 마셨다는 커피. 일제 강점기 때는 예술을 논하고 시대를 한탄하며 원두커피를 마시던 다방이 인텔리겐차Intelligentsia들의 아지트였다고 한다. 한국전쟁 당시 미군이 뿌린 인스턴트커피 또한 서양 근대 문물의 상징인 커피문화를 확산시키는 데 한 몫을 했을 것이다.

지난날의 커피는 풍미風味에 반한 것이 아니었다. 영양분이 부족하던 시절에 설탕이 잔뜩 들어간 인스턴트커피가 주는 플라시보 효과와 '커피 한 잔'에서 느껴지는 남녀의 사교가 더 큰 비중을 차지했다고 해도 지나친 말은 아닐 성싶다.

지금이야 설탕을 많이 먹으면 건강에 큰 위협이 되는 시절이 되고 말았지만, 어릴 적 아버지가 숙취 후에 드시던 설탕물 한 사발의 기억은 아련하기만 하다.

어쨌든 1999년 '스타벅스'의 등장 이후 모던 라이프의 아이콘이었던 인스턴트커피의 달콤함은 싸구려 취향이 되었고, 밥보다 비싼 커피를 마셔줘야 대화가 이어지는 오늘날의 문화 트렌드로 자리매김한 것이 바로 커피다.

어느 정도 연배가 드신 분들은 예전에 커피를 마시면 얼굴이 검어진다는 말을 듣기도, 또 자녀들에게 그런 말을 하기도 하셨을 것이다.

바흐의 '커피 칸타타'가 바로 그 얘기다.

실제로 바흐가 살던 시절에도 의사들은 여자들이 커피를 마시면 불임에 얼굴까지 검어진다고 했다. 이런 낭설의 이면에는 무지無知

나 건강에 대한 염려도 있었겠지만, 그보다는 남성들의 전유물이었
던 커피라는 기호식품을 여성들과 나누기를 꺼렸던 당시의 인식을
보여주는 실마리이기도 하다.

물론 바흐의 <커피 칸타타>가 커피의 호불호好不好에 가려 역사
적인 의미가 축소되어서는 안 된다. 바흐의 <커피 칸타타>가 작곡
된 것은 대략 1735년경이다. 제후나 성직자가 아닌 근대의 시민 가정
을 주인공으로 하는 이 세속적인 <커피 칸타타>는 중세의 봉건사회
에서 시민사회, 그리고 여성이 중심이 되는 사회로 바뀌어 가는 것을
상징적으로 보여 주었다.

1721년 베를린에서 최초의 커피하우스가 문을 열지만 정부의 규제
로 보급이 더뎠다. 커피를 생산하는 식민지를 확보하지 못한 독일 정
부는 수많은 중간 상인들을 거치는 동안 커피의 가격이 엄청나게 불
어났기 때문에 외화 낭비라고 생각했던 것이다.

프리드리히 대왕이 실시한 커피 금지 정책의 일환으로 커피 냄새
를 맡고 돌아다니는 사람이 파견될 정도였다. 그런 와중에 라이프치
히에 있는 '짐머만 커피하우스'에서 매주 연주를 했던 바흐에게 그곳
사장이 자신의 커피하우스 선전을 위한 곡을 요청하였고, 바흐는 이
에 응한다.

그래서 바흐의 가장 유머러스하고 풍자諷刺 가득한 곡이 탄생되
는 것이다. 바흐의 <커피 칸타타>는 마케팅을 위한 CM송이었고, 이
곡이 연주된 '짐머만 하우스'는 커피 홍보를 위한 일종의 플랫폼이었
던 셈이다.

정부에서는 커피를 규제하지, 맥주에 길들여진 게르만 민족들은

쉽사리 커피와 친해지지 않지, 게다가 커피를 마시면 불임이 된다는 풍문까지 나돌고 있던 상황이었다. 이러다 보니 커피를 비싼 값에 수입한 커피하우스에서는 어떻게 해서라도 커피의 매력을 알려야 하고, 팔아야 하지 않았겠는가?

물론 바흐와 그의 가족 역시 커피를 좋아했을 수도 있지만, <커피 칸타타>가 나오게 된 데는 이러한 시대적 배경이 더 크게 작용했던 것이다.

본래 이 곡의 제목은 <떠들지 말고 조용하라; Schweigt stille, plaudert nicht Cantata No. 211>인데 상술商術 때문에 음반사에서 <커피 칸타타>라는 부제副題를 붙여 더 유명해지게 되었다.

바흐는 일생 동안 오페라를 한 편도 작곡하지 않았다. 그런데 <커피 칸타타>는 작은 희극 오페라 같은 작품이기 때문에 이 곡은 그의 음악사에도 중요한 위치를 차지한다. 비록 그가 오페라를 작곡하지 않았지만 <커피 칸타타>를 통해 그가 희극적인 양식의 음악에도 얼마나 뛰어났는지 보여주기 때문이다.

당시의 커피하우스에는 여성이 출입할 수 없었기 때문에 여성 아리아를 남성이 가성으로 불러 더욱 익살스러운 분위기를 더했으리라 여겨진다.

대부분의 칸타타들과 마찬가지로 바흐의 <커피 칸타타>도 레치타티보와 아리아로 구성되며, 내레이터(테너)와 2명의 주인공인 딸 '리센(소프라노)'과 그녀의 아버지 '슐렌드리안(베이스)'이 나와서 마치 작은 희극 오페라를 공연하듯 진행된다.

모두 10곡으로 구성된 <커피 칸타타>의 대본은 <마태수난곡>의 대본가로 '피칸더'라는 필명을 쓰는 '크리스티안 프리드리히 헨리치(Christian Friedrich Henrici, 1700~1764)'가 맡았고(바흐가 몇 군데 수정을 했는데), 풍자와 익살로 가득하다.

대략적인 줄거리는 커피를 너무 좋아하는 딸과 이것을 못마땅하게 생각하는 아버지의 실랑이가 뼈대인데, 아버지는 딸이 커피를 계속 마시면 시집을 안 보내겠다고 하는 내용이다.

아버지는 딸에게 커피가 해로우니 마시지 말라고 잔소리하지만, 딸은 들을 생각조차 하지 않는다. 화가 난 아버지가 커피를 끊지 않으면 시집을 안 보내겠다고 협박하자 딸은 커피를 마시지 않겠다고 거짓 약속을 하고 당장 신랑을 보게 해달라고 한다. 아버지가 신랑을 찾으러 나가자 영악한 딸은 자기와 결혼할 사람은 자기가 원하면 언제든 커피를 마시게 하도록 하는 약속을 결혼 계약에 몰래 써넣어야 구혼에 성공할 것이라고 노래한다.

특정계층의 전유물이었던 바흐 시대의 커피는 이제 모든 사람들의 기호 식품이 됐고, 그 이면에는 바흐의 유머 가득한 한 편의 칸타타가 자리 잡고 있다.

약육강식의 논리로 자연을 배워온 나로서는 오늘 마시는 한 잔의 커피가 참 소중하다. 그 시대로 회귀하지 않으리라 감히 누구도 확신할 수 없을 테니 말이다.

◆

<파사칼리아>가 전하는
삶의 메시지

파사칼리아

파사칼리아는 17~18세기에 스페인이나 이탈리아를 중심으로 유행한 무곡舞曲. 느린 3박자로 대개 단조의 바소 오스티나토에 의한 변주곡 형식을 취한다. 어원은 스페인어의 pasar(걷다)와 calle(거리)의 결합으로 보이나 악곡 이름이 된 경로는 명확하지 않다. 유명한 작품으로는 바흐의 <오르간을 위한 파사칼리아 c단조 BWV 582>가 있고, 브람스의 <교향곡 제4번 끝악장>이나 베베른의 <파사칼리아 Op.1>을 들 수 있다.

1716~1723년경 작곡한 바흐의 <파사칼리아 c단조 BWV 582(Passacaglia in c minor, BWV 582)>의 주제는 루이 14세 시대 파리의 오르간 주자였던 앙드레 레종의 곡에서 얻은 것인데, 바흐는 이것을 바탕으로 20종의 변주곡을 썼다고 전해진다.

북스테후데 등 바흐의 선배들은 왕성하게 <파사칼리아>를 작곡·연주했지만, 바흐는 이 한 곡밖에 남기지 않았다. 단 한 곡이긴 해도 바흐의 <파사칼리아>는 선배들의 작품을 훨씬 앞지르는 것으로, 웅대한 구성은 타의 추종을 불허한다. 바흐의 심오한 연구 결과와 그 음악적 건축가로서의 탁월한 수완을 이해하는 데 알맞은 곡이다.

　＜참고＞ 오스티나토와 파사칼리아

　반복되는 리듬위에 각기 다른 음을 사용할 때 붙여지는 것을 '아이소리듬'이라 하고, 반복되는 리듬과 음조차도 같을 때, 오스티나토Ostinato라고 한다. 오스티나토는 악곡 전체나 한 악절을 통해 끊임없이 반복되는 짧지만 알정한 음형을 뜻한다. 일반적으로 가장 인상적인 것은 하나의 선율적 오스티나토이지만 때로는 화음진행, 리듬등이 조합되어 나타나기도 한다. 이러한 오스티나토의 형태 중 같은 저음 주제를 연속해서 반복하는 것을 파사칼리아passacaglia라고 일컫는다. 참고로 짧지만 동일한 저음 모티브를 연속반복하는 것을 바소 오스티나토(basso ostinato,통주저음),그리고 일반적으로 오스티나토라 하면 베이스성부에서 나타나는 것으로 잘 알려져 있지만 그것이 소프라노 성부(최상성부)에서 반복될 때 멜로디아 오스티나타melodia ostinata라고 부르지만 흔하지는 않다. 오스티나토는 계속 반복되며 겹쳐지는 음들이 만들어내는 자극적인 효과가 그 특성이다. 이것은 오스티나토가 동일한 음고(주로 저음)에서 나타날 때, 더욱 두드러지지만 어떤 악곡에서는 다른음고나 성부에 격차를 두고 오스티나토가 나타나는 예도 볼 수 있다.

　선율-화성 오스티나토melodic-harmonic ostinatos가 바로크시대에 가장 성행했던 것에 반해, 20세기에는 선율-리듬 오스티나토melodic-rhythmic ostinatos를 가장 흔히 볼 수 있다. 저음성부에 만들어진 반복적인 선율 악구를 바소 오스티나토basso ostinato 또는 그라운드 베이스ground bass라고 하며 통상 그 길이는 1-8마디 정도이다.

　보다 쉽게 접근해 보면, 상성上聲부의 프레이징은 변해가는데도 베이스만은 같은 프레이징을 고집하여 집요하게 반복한다. 그래서 이를 고집저음固執低音 또는 그라운드베이스라고도 부르는 것이다. 이것은 오르간 포인트(또는 페달포인트:낮은 성부에서 화음의 성격과 관계없이

인간의 심연 끝에서 외치는 진실한 소리는 분칠한 현대의 삶 속에
는 쉽게 들리지도 보이지도 않지만 끊임없이 반복되고는 있다. 마치
파사칼리아처럼······.

장 콕토가 시니리오를 쓰고 '롤랑 쁘띠(Roland Petit, 1924~2011)'
가 안무해 1946년에 발표한 발레 '젊은이와 죽음(Le jeune homme et
les mort)'에서 바흐의 파사칼리아(Passacalia and Fugue, BWV582)
가 무대 음악으로 쓰였다. 롤랑 쁘티가 연출한 젊은이들의 허무와 바
흐의 질서, 그리고 그들의 군무······위대한 예술가들의 카이로스적인
시선은 시공을 초월해 어우러진다.

또한 영화 <백야(White Night, 1988)>를 보신 분들이라면 바리시
니코프의 온 몸이 바흐의 <파사칼리아> 안에서 휘감기고 있음을 떠
올리시라.

일반적으로는 음악을 기본으로 해서 춤을 만드는데, 발레 <젊은이
와 죽음>은 반대로 춤을 다 만들고 나중에 음악을 입혔다.

<※원래 발레에서 <파사칼리아>는 오토리노 레스피기(Ottorino
Respighi, 1879~1936)가 편곡한 것이었으나, 영화에서는 재즈와 영화음악
전문가인 미셸 콜롱비에(Michel Colombier, 1939~2004)의 것을 사용했다.>

그럼에도 불구하고 바흐의 <파사칼리아>는 마치 이 작품을 위해 작곡한 것 같은 느낌마저 든다. 완벽한 데쟈뷰다.

차가움과 회색빛 우울 속의 무대는 표정이 없다. 무대 위에는 이름도 모르고 알 필요도 없는 무채색의 외로운 젊은이와 노란 원피스와 검은 장갑의 뇌쇄적인 여인의 의미 없는 갈망만 갈증을 부추긴다. 구원이 무엇일까? 죽음뿐인가?

인간의 본질적 상실감과 그 무엇으로도 채워지지 않은 부재의 순간들이 20분 동안 젊은이의 방황과 죽음을 통해 감각적으로 표현된다. 젊은이가 죽은 후에야 무관심하고 차가운 네온만이 초라하게 밝히고 있는 도시가 모습을 드러낸다.

이 무대 위에서 바흐의 <파사칼리아>는 그들에게 삶의 메시지를 전달이라도 하려는 듯 자신만의 색채를 끊임없이 반복하며 화려하게 쏟아낸다. 무채색의 감정, 죽음에 대한 은유를 품은 롤랑 쁘띠의 시대적 허무와, 생명의 박동과 더불어 대지를 박차고 오르는 듯 넘치는 에너지를 담은 바흐 음악의 묘한 대조다.

쉽게 얘기해서 '파사칼리아'란 바소 오스타토를 주제로 한 변주곡이다. 주로 저음 부분에서 곡 전체에 걸쳐 끊임없이 반복하게 하는 음악 형식이다. 이 반복 위에 음악가들은 자신들만의 색채로 다분히 구조적인 작곡을 하며 곡을 완성시켜 나간다. 그 중에서도 바흐의 <파사칼리아>가 롤랑 쁘띠의 발레 <젊은이와 죽음>에 쓰인 것이다.

바흐의 <파사칼리아>는 점차 증가하는 긴장과 흥분 속으로 음악을 몰아넣는다. 이 음악을 처음 접한 분들은 흥분과 화려함 때문에 끊임없이 울리는 간절한 베이스의 주장(오스티나토)이 잘 와 닿지 않겠지만, 조금만 귀 기울인다면 곧 익숙해질 것이다. 계속 반복되니까.

롤랑 쁘띠의 <젊은이와 죽음>을 접할 때마다 느끼는 것은 '젊은이'로 표현된 전후 세대의 허무와 상실감이 현재와 다를 바 없다는 것이다.

또한 삶의 무대에서 무수히 외쳐지는 '타인'의 고독과 갈망하는 포옹에 대한 '현대인'의 차가운 거부를 끊임없이 숨겨진 바흐의 오스티나토를 통해 듣고 깨닫게 된다는 것도…….

바흐의 오스티나토, 바꿔 말해 계속 반복하는 인간의 본질적 외침은 화려하고 거대한 세상속 에서는 쉽게 들리지도 보이지도 않지만 끊임없이 반복된다.

답답해서였을까? 그 반복은 잠시 저음에서 벗어나 화려한 고음에서 모습을 보이며 자신을 드러내 보이기도 하지만, 이내 심연 속으로 다시 들어간다.

쉼을 위한 재도약이든, 차가운 현실에 대한 절망이든 그렇게 반복되던 오스티나토가 잠시 멈추는 것 같기도 하지만, 이내 더욱 화려하고 힘찬 모습으로 다시 등장하며 보란 듯이 더욱 견고하게 2중 푸가의 구조 안에서 장대하게 마무리한다.

감정이 이성과 맞물릴 때쯤 늘 나 자신에게 묻는다.

결국 뇌쇄적이고 아름답지만 차가움과 외면으로 일관하던 '여인'에 대한 갈망과 점점 상실해 가는 인간성과 본질적 외로움은 '죽음'을 통해서만 '구원'받을 수 있을까? 그리고 바흐의 <파사칼리아>는 단순히 이 발레의 배경음악일 뿐일까?

눈에 보이진 않지만 무용수 너머로 무대에서 생명과 구원에 대한 열망을 지니고 가장 자연스럽고 아름다운 '선線'으로 독무를 추고, 조직적이고 체계적인 군무를 춘 것이 바로 <파사칼리아>가 아닐까 싶다.

롤랑 쁘띠의 <젊은이와 죽음>의 '허무'는 바흐의 '질서'와 동시에 춤을 추며 관객들에게 진정한 '구원'을 제시한 듯하다. 자신을 둘러싼 현실이 너무도 혼란스럽고 고통스럽지만, 어찌 보면 삶이란 사실 자연스러움 안에서 아주 단순하게 반복되는 것이다.

아, 파사칼리아~! '길calle'을 제대로 '걸어간다pasar'면 죽음이 그리 허무하지는 않을 듯하다.

◆

'폴리포니'의 세계

여기서는 '폴리포니'의 세계를 바흐의 <파사칼리아와 푸가 (Passacaglia and Fugue, BWV 582)>를 통해 바라보고자 한다.

예나 지금이나 예술가들은 물론 많은 논객들이 얘기하는 '폴리포니'란 과연 무엇일까? 파울 클레(Paul Klee, Polyphony, 1932)는 다음과 같이 이야기했다.

"음악적 구조물을 조형적인 것으로 생각하며 여러 개의 독립적인 주제가 동시에 공존하는 현상은 음악에만 있는 게 아니다. 이는 모든 전형적인 사물들이 한 장소에서만 효력을 발휘하는 게 아니라, 그 어느 곳이나 도처에 뿌리박고 유기적으로 자리 잡고 있는 것과 마찬가지다…음악의 '폴리포니' 구조를 나 자신의 회화를 통해 구현한다."

'폴리포니'에서는 각 성부聲部가 때로는 독립적으로 진행하는 듯하나, 어떤 순간에는 합쳐지기도 한다. 일반적으로 '폴리포니'라 하면, '2개 이상의 독립된 성부에 의해 구성되는 악곡'인데, 이 경우도 다시 문제가 되는 것은 '독립된 성부'라는 말이다. 어느 순간에는 다시 합쳐져 있으니….

17세기 이후에 전개된 화성적인 악곡, 즉 '호모포니'라 불리는 양식의 경우 성부는 하나뿐이며 다른 것은 그것을 반주하기 위해 존재하는 종속적인 것이라는 해석에서 '호모포니'라는 명칭이 쓰이고 있으나 화성음악 가운데도 '폴리포니'적으로 작곡되어 있는 것이 적지 않다.

또한 외형적으로는 다성 음악처럼 보이더라도 그 속살은 화성적인 연속음들이 분해되어 있는 경우도 허다하다. 이런 경우에는 '독립된 성부'라는 해석이 '폴리포니'와 '호모포니' 경계의 불명확성으로 나타난다.

쉽게 생각하자.

악곡의 구성은 수평적인 선의 움직임과 수직적인 음의 쌓임으로 이뤄지며 동시에 서로 구별되는 것이기에, 단선음악 이외의 모든 음악에 있어 이들 두 요소는 항상 함께 한다. 다시 말해 '폴리포니'의 요소와 '호모포니'의 요소는 서로 보완하는 관계에 있다고 보는 게 타당하다.

앞서 소개한 발레와 영화에 쓰인 바흐의 <파사칼리아와 푸가(Passacaglia and Fugue, BWV 582)>를 음악적인 관점에서 한 번 풀어 보자.

바흐의 작품 중 '파사칼리아' 형식으로는 <파사칼리아와 푸가(Passacaglia and Fugue, BWV 582)> 단 한 곡만 남겨져 있다. 1716~1717년 무렵인 바이마르 후기의 작품으로 추정되며, 원래는 쳄발로를 위한 곡이었으나 후에 바흐에 의해 오르간 곡으로 편곡되었다.

<파사칼리아> 주제의 전반부는 루이 14세 때 파리에서 활동했던 프랑스의 작곡가 겸 오르가니스트 '레종(Andre Raison, 1650-1719)'의 주제에서 취했다.

이 곡의 도입부분에서는 오르간의 페달을 사용하여 오스티나토(지속저음)의 음형(라/미 도/레 미/파 레/미 시/도 ♮솔/라 레/미 /라-)을 먼저 들려주고, 8마디의 이 오스티나토가 20번 반복되는 동안 위쪽 성부의 음악은 마치 웅장한 건축물처럼 복잡하지만 균형 잡힌 변주로 색채를 더해간다.

처음에는(1, 2변주) 동일 리듬이긴 하지만, 화성 관계는 다르다. 계속 고조되던 같은 리듬의 반복이 절반 즈음에 이르러 성격을 바꾸고 오스티나토가 가장 높은 성부에서 울린다. 고집스러운 저음부의 오스티나토로부터 잠시 해방된 페달이 위의 성부를 모방해 바쁘게 움직인다.

잠시 페달 없이 연주(13~15변주)되며 점차적으로 단순해지면서, 마치 재도약을 위해 잠시 쉬는 듯한 느낌을 주고는 다시 오스티나토가 페달로 연주되면서 격렬하게 클라이맥스로 치닫는다. 오스티나토는 반복되기는 하지만 계속 같은 형태가 아니라 선율 변주와 같이 변화된 형태로 나타나기도 한다.

이어 나오는 '푸가'는 4성으로 '파사칼리아'의 8마디 지속저음 중에서 첫 네 마디를 주제로 하고 있다. 여기에서는 주제가 나오면서 바로 대주제가 등장하고 응답이 시작되는 마디에서는 16분음표로 빠르게 움직이는 또 하나의 주제가 나와 2중 '푸가'를 이룬다.

전곡에 걸쳐 오르간의 기교를 극도로 발휘하였고, 이와 함께 대위법적인 다채로운 기교를 볼 수 있다. 바흐가 이 곡을 쓸 당시 이미 옛 형식이 된 '파사칼리아'를 이 한 곡 외에 더 이상 쓸 필요를 느끼지 못했을 수도 있다. 그래서인지 바흐의 이 작품 안에 '파사칼리아'를 통해 푸가가 표현할 수 있는 모든 다양성과 가능성이 모두 들어있으므로, 그가 더 이상 이러한 형식의 곡을 쓸 필요가 없었으리란 후대의 평가도 뒤따른다.

◆

바흐의 무반주 첼로모음곡에
대한 단상

무반주 첼로 모음곡(무반주 첼로 조곡) 1~6번

바흐의 무반주 첼로 모음곡은 무반주 바이올린 소나타, 파르티타와 함께 독주악기를 위해 작곡된 곡 중 가장 위대한 작품으로 평가받고 있다. 이 곡은 1900년대 전까지는 일반에게 거의 알려져 있지 않았다. 스페인 바르셀로나의 한 고서점에서 200년 동안 잠자고 있다가 1889년 13세의 소년 파블로 카잘스가 우연히 악보를 발견한 이후 비로소 세상의 빛을 보게 되었다. 이후 카잘스는 피나는 연구와 연습을 거쳐 12년 뒤에 첫 공개 연주를 열 수 있었고, 48세가 되던 해에 첫 레코딩이 이루어졌다. 카잘스의 역사적인 레코딩은 오늘날까지도 무반주 첼로 모음곡 해석에 기초를 놓은 모범적인 해석으로 존경받고 있다.

이 곡은 첼로라는 악기가 낼 수 있는 모든 버라이어티한 기교와 넓은 감정적 표현 범위, 선율의 얽혀듦과 서로 대화하는 방식에 대한 풍부한 아이디어로 뛰어난 걸작이라는 평가를 받고 있다. 또한 무반주 첼로 모음곡은 첼로뿐만 아니라 바이올린, 비올라, 비올라 다 감바와 같은 현악기는 물론 목관악기, 금관악기 등의 다양한 악기로 변환되어 연주되며 그 존재가치를 증명하고 있다.

바흐의 자필 악보는 어디에 있는 것일까? 작곡 연도는 언제일까? 바이올린 소나타와 파르티타처럼 바흐의 자필 악보는 존재하지 않고 그의 두 번째 아내 안나 막달레나의 필사본이 악보로 전해지고 있으며, 쾨텐에서 카펠마이스터로 활동하던 1717~1723년경에 작곡한 것으로 보인다.

바흐의 무반주 첼로 모음곡 여섯 개는 첼로 주자들에게는 궁극의 존재 이유이자 음악의 성서다.

이 모음곡을 일반적으로 카잘스가 처음 발견하고 초연한 것이라고 알고 있지만 이는 사실과 다르다.

지금처럼 모음곡 형태가 아니라 낱개의 연습곡 정도로만 인식이 되었던 것을 카잘스가 발견한 이후 약 12년에 걸친 연구 끝에 이를 완전한 모음곡 형태로 그 모습을 갖추게 된 것으로 보는 것이 맞는 설명이다.

카잘스가 이 무반주첼로 모음곡에 끼친 영향은 보잉에 관한 설명이나 템포 등이 적혀있지 않은 고악보에 보잉방법과 템포를 지정해서 곡의 이해를 보편화 시켰다는 점과 5번·6번 모음곡은 첼로가 아닌 다른 형태의 악기를 위한 곡으로 추정되는데 이를 첼로로 연주가 가능하게끔 정리한 것이다.

훗날 카잘스는 이렇게 말한다.

"사람들은 이 작품을 온기가 없는 기계적인 연습곡으로만 여겼다. 우주의 광휘와 시상을 분출하는 이 곡을 듣는다면 어느 누가 차갑다고 말할 수 있으랴!"

바흐의 <무반주 첼로 모음곡>이 만인의 사랑을 받는 이유가 무엇일까? 일반인은 쉽게 듣고 첼리스트들은 어려워하는 바흐의 <무반주 첼로 모음곡>에 대해 알아보자.

바흐에 의해 표준으로 제시된 5개의 춤곡 <알라망드Allemande>,

<쿠랑트Courante>, <사라방드Sarabande>, <갈란테리Galanterie>, <지그Gigue>의 맨 앞에 전주곡 성격의 <프렐류드(Prelude)>가 추가된다.

그리고 바흐는 <사라방드>와 <지그> 사이에 소위 <갈란테리Galanterie>라고 부르는 많은 춤곡을 대칭적으로 삽입했다. <갈란테리> 가운데 1, 2번에는 '미뉴에트Minuet', 3, 4번에는 '부레Bourrée', 5, 6번에는 '가보트Gavotte'라 불리는 것이 그러한 춤곡들이다.

이와 같은 통일된 구성은 바흐가 작곡을 시작할 때 이미 6편을 한꺼번에 만들어야겠다는 의도를 가지고 있었음을 알려준다. 전통적 형식을 탈피해서 대칭적인 디자인을 만들기 위해 바흐는 <갈란테리> 악장들을 <사라방드>와 <지그> 사이의 짝을 지어 넣어 두었다. 알아야 할 점은 <갈란테리> 5번의 '가보트' 중 두 번째를 빼고는 모두 단선율로만 작곡했다는 것이다.

<갈란테리> 5번의 두 번째 가보트에서 한 번의 프림-화음(동시에 서로 다른 줄에서 같은 음을 긋는 기법)이 등장하지만, 이는 원본 '스코르다투라'에서만 등장하고 일반적으로 연주되는 버전에서는 이러한 화음이 전혀 없다.

<※스코르다투라(Scordatura : 변칙조율 變則調律)는 현악기를 표준 조율과 다르게 조율하는 것을 말한다. 바흐의 <무반주 첼로 모음곡> 제5번은 첼로의 가장 높은 줄을 A음에서 G음으로 낮추어 연주한다.>

이렇듯 5번에 스코다르투라가 있고 6번은 상대적으로 기교의 난이도가 높다는 점을 들어, 이 모음곡이 첼로가 아닌 5현을 가진 다른 악기를 위한 곡이라는 주장도 있다. 하지만 이 곡이 대칭과 균형을

통해 참다운 형식미를 이끌어내는 음악이라는 측면을 보면 사실 악기가 다르다는 것이 중요한 얘기는 아니다. 첼로 한 대로도 얼마든지 가능하니까….

바흐는 각 춤곡의 특징을 분명히 살리되 다양한 악상으로 통일과 균형, 변화의 조화를 무반주로 극대화시켰다. 여기에 첼리스트들의 어려움이 묻어난다.

각 춤곡은 으뜸 조 하나로 다양한 느낌의 연주를 해야 하며, 그 심오한 울림을 청중들에게 오로지 첼로만으로 전달해야 하는 것이다. 첼로가 막 제 모습을 갖추기 시작하던 18세기 초에 이미 현대의 테크닉 대부분을 품고 있었다는 사실 또한 매우 놀랍다.

바흐의 <무반주 첼로 모음곡>에는 다양한 주법이 어우러져 있다. 그것은 아이러니컬하게 반주가 없다는 치명적 약점을 극복하는 길이었다.

그 중 아르페지오(펼친 화음)와 멀티플 스토핑(한꺼번에 여러 현을 동시에 연주하는 주법)은 화음이 부족해 느껴지는 무미건조함을 달랠 가장 확실한 수단이었다.

오늘날에도 멜로디부와 반주부의 적절한 조화가 요구되는 무반주 첼로 곡에서 이 두 가지 테크닉은 곡을 지탱하는 중요한 구실을 한다. 여기에 연주에 필요한 레가토와 스타카토, 알맞은 프레이징을 고려하면, 피치카토만 빼고 첼로의 모든 기본 기술이 집약되어 있다고 해도 과언이 아니다. 그 테크닉의 집약만큼 제대로 연주해내기가 어려운 곡이다.

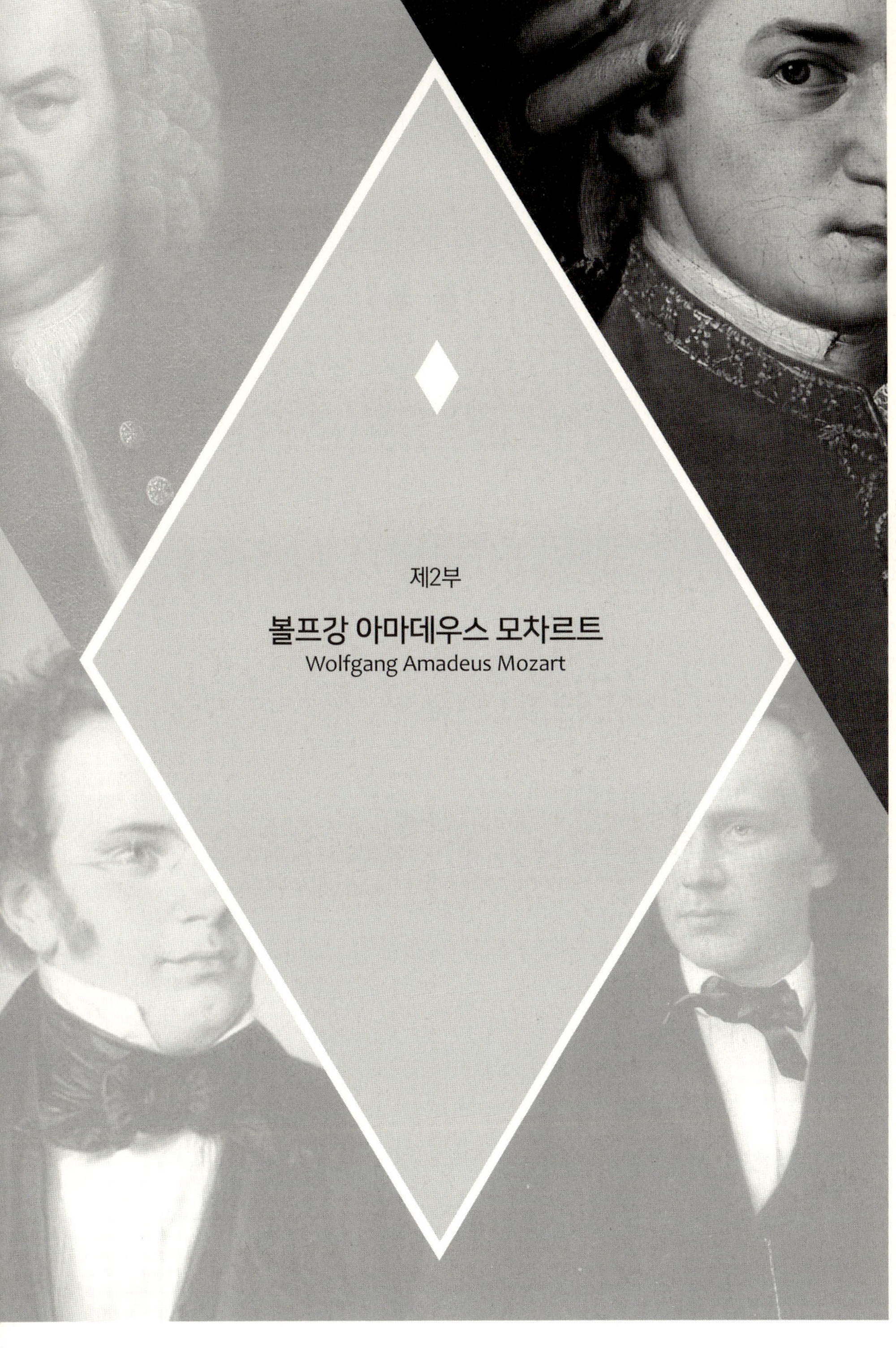

제2부

볼프강 아마데우스 모차르트
Wolfgang Amadeus Mozart

볼프강 아마데우스 모차르트
Wolfgang Amadeus Mozart, 1756~1791

모차르트는 1756년 1월 27일 오스트리아의 잘츠부르크Salzburg에서 태어났다. 잘츠부르크는 로마 교황이 임명한 대사교가 통치하던, 가톨릭 세력이 강한 로마풍의 도시였다. 아버지(Leopold Mozart, 1719~1787)는 바이올리니스트였고, 누나와 동생에게 어려서부터 음악 교육을 시켰는데, 특히 볼프강은 비상한 음악 재능을 나타내어 주위를 놀라게 했다.

1762년 아버지는 볼프강(6세)과 누나 난네를(Nannerl, 11세)을 데리고 뮌헨으로 연주 여행을 시도했다. 이때부터 거의 10년간 모차르트의 소년 시절은 주로 연주를 위해 각지를 여행하는 데 소비되었으며, 특히 1763년부터는 파리·런던·암스테르담으로 3년 동안 장기 여행을 하게 된다.

두 사람의 연주회는 각지에서 신동神童이라는 호평을 받고, 수많은 일화를 남기지만, 결국은 곡예의 구경거리 같은 흥미 위주였던 것 같다. 더욱이 볼프강은 자주 병에 걸려 육체의 성장도 방해를 받았고, 아버지의 만족은 어떻든 간에 소년 모차르트에게는 고난의 여행이었다.

그러나 각지에서의 음악 체험과 교제한 음악가들의 활동은 그의 장래에 커다란 영향을 주었다. 특히 1772년(16세)부터의 세 번째 이탈리아 여행은 바로 청년기의 정신적인 성장기와도 겹쳐 모차르트의 음악관에 결정적인 영향을 주었다. <알렐루야>를 포함하는 유명한 모테트 <엑술타테 유빌라테(성악곡)>는 이 여행의 산물이었다.

아버지는 볼프강을 빈의 궁정악단에 취직시키려 했다가 실패하여 고향의 궁정 음악가로 활동했다. 그 결과 1773년(17세)부터 약 7년간 고향에서 활약하는 이른바 잘츠부르크 시대를 맞는다. 이때는 음악가로서의 개성을 단련하기 위한 귀중한 기간으로, 특히 하이든 형제의 새로운 작품은 커다란 자극이 되어 빈 고전파의 일원으로서의 소지가 만들어져 갔다.

1777년(21세)부터는 어머니와 함께 만하임과 파리로 여행을 떠났으며, 특히 만하임의 뛰어난 관현악단으로부터는 커다란 수확을 얻었다. 독일 베버Weber가의 알로이지아Aloysia에게 연심을 품은 것도 이 고장이었다. 이어서 찾아간 파리는 이미 이전의 신동과는 인연이 없는 차가운 도시였다. 더군다나 타향에서 어머니 마리아의 죽음과 알로이지아에 대한 구애의 실패는 인간 모차르트에게 커다란 고뇌를 주는 사건이었다.

1781년(25세) 몰이해한 대사교와 충돌한 모차르트는 잘츠부르크를 떠날 결심을 굳히고 이후 빈에 정주하게 된다. 이 시기의 주요 작품으로는 <바이올린 협주곡 제5번>(1775), <교향곡 제31번 파리(교향곡)>(1778), <G장조와 D장조 2개의 플루트 협주곡>(1778), <바이올린 소나타 제28번 K.304>(1778), <대관식 미사 Krönungsmesse>(1779) 등을 들 수 있다.

1781년 이후 자유롭고 활기에 찬 빈에 거처를 정한 모차르트는 불멸의 명작을 잇달아 써 갔다. 1782년(26세)에 오페라 <후궁으로부터의 도주>가 완성되고, 같은 해에는 알로이지아 베버의 동생 콘스탄체Constanze와 결혼한다. <피아노 협주곡 d단조>(1785)에 이어 오페라 <피가로의 결혼(오페라)>(1786)을 완성하고, 그 초연은 대성공을 거두었다.

같은 해 프라하에서의 상연도 열광적인 성공으로 이어져, 이것을 인연으로 프라하를 방문하여 시민들에게 따뜻한 환영을 받았다. 이어 완성된 대작 <돈 조반니>(1787)는 프라하에서 초연되어 <피가로의 결혼(오페라)>에 못지않는 성공을 거두었다.

그러나 이런 대성공이 반드시 경제적인 성공은 아니어서 생활은 오히려 곤

궁을 더해 갔다. 콘스탄체는 살림을 알뜰히 꾸려가는 능력은 전혀 없었던 것이다. 이미 장남을 잃은 모차르트는 다시 3남과 아버지(레오폴트)의 죽음으로 잇달아 슬픔에 젖었으며, 자기도 중병에 빠지고 있었다. 애수에 찬 <현악 5중주곡 g단조>(1787)는 바로 이런 시기에 작곡되었다. 그리고 세속의 성공과는 반대로, 습하고 암울한 생활 속에 최후의 4년간을 맞이한다.

1788년(32세)에도 모차르트의 창작 활동은 끊임없이 계속되어, 6월부터 기적의 2개월간에 고전 교향곡의 극치를 보여 주는 마지막 3대 교향곡이 완성되어 갔다. 그러나 당시 빈의 청중이 고도로 완성된 그의 만년의 예술을 이해할 리가 없었다. 궁정 음악가의 칭호도 빈약한 연봉을 보증할 따름이었고, 연주 여행을 비롯한 돈 마련을 위한 시도는 어느 것 하나 성공하지 못했다.

최후의 해인 1791년 7월, 오페라 <마적>의 완성을 가까이 앞둔 모차르트는 검은 옷을 입고 방문한 낯선 남자로부터 <레퀴엠>의 작곡을 의뢰받았다. 그 무렵 그는 이미 요독증으로 머리가 혼란해져 있었는데, 이 기묘한 주문이 그에게 죽음이 가까움을 확신시켰다고 한다. <마적>의 초연은 성공을 거두었으나, 최후의 생명력을 불사른 <레퀴엠>을 미완인 채로 놓아두고 이 세상을 떠난 것은 35세의 12월 5일의 일이었다.

장례가 치러진 날은 악천후인 탓도 있어 참석자가 매우 적었다고 전해지며, 게다가 착오 때문인지 이 대음악가가 묻힌 장소는 오늘날까지 불분명하다. 그의 천재적인 성품을 나타내는 일화는 많지만 그 영웅다움, 위인다움을 나타내는 이야기는 적은데, 그 오페라 주인공들의 천진난만한 인간성은 모차르트가 서민의 영웅이자 천재임을 잘 말해주고 있다.

모차르트의 참다운 위대성은 봉건사회에서 시민사회로의 과도기에 서민적인 생활 태도로 일관하고 다가오는 시대를 앞서간 점이며, 그의 천분은 이 역사적인 과정을 거의 무의식중에 음으로 예리하게 포착한 점에 있다고 하겠다. 이 정신은 이윽고 베토벤의 전투적인 시민정신으로 계승되어 폭발적으로 연소한다.

주요작품은 <교향곡 제31번 D장조 파리 K.297> <교향곡 제35번 D장조 하프

너 K.385> <교향곡 제38번 D장조 프라하 K.504> <교향곡 제39번 E플랫장조
> <교향곡 제40번 g단조> <교향곡 제41번 C장조 주피터 K.551> <디베르티멘
토 제17번 D장조(관현악곡) K.334> <디베르티멘토 F장조 음악의 농담 K.522>
<세레나데 제10번 B플랫장조(관현악곡) K.361> <세레나데 제13번 G장조 아이
네 클라이네 나흐트무지크> <피아노 협주곡 제9번 E플랫장조(협주곡) K.271>
<피아노 협주곡 제20번 d단조(협주곡)> <피아노 협주곡 제21번 C장조(협주곡)
K.467> <피아노 협주곡 제23번 A장조(협주곡) K.488> <피아노 협주곡 제24
번 c단조 (협주곡)K.491> <피아노 협주곡 제26번 D장조 대관식> <피아노 협주
곡 제27번 B플랫장조 (협주곡)K.595> <바이올린 협주곡 제3번 G장조(협주곡)
K.216> <바이올린 협주곡 제4번 군대 D장조 K.218> <바이올린 협주곡 제5번
A장조> <플루트 협주곡 제2번(협주곡) D장조> <클라리넷 협주곡 A장조(협주
곡) K.622> <플루트와 하프를 위한 협주곡 C장조(협주곡) K.299> <현악 5중주
곡 제5번 g단조(실내악곡)> <현악 5중주곡 제6번 E플랫장조(실내악곡) K.614>
<클라리넷 5중주곡 A장조> <현악 4중주곡 제17번 B플랫장조 사냥(실내악곡)
K.458> <피아노 4중주곡 제1번 g단조(실내악곡) K.478> <바이올린 소나타 제
24번 C장조(실내악곡)> <바이올린 소나타 제28번 e단조(실내악곡)> <바이올
린 소나타 B플랫장조(실내악곡) K.378> <피아노 소나타 제8번 a단조(독주곡)
K.310> <피아노 소나타 제11번 A장조> <피아노 소나타 제13번(독주곡) B플랫
장조 K.333> <피아노 소나타 제14번 c단조(독주곡)> <피아노 소나타 제15번 C
장조(독주곡) K.545> <후궁으로부터의 도주 K.384> <피가로의 결혼> <돈 조
반니 K.527> <코시 판 투테 K.588> <마적 K.620> <레퀴엠 d단조(성악곡)> <
모테트 엑술타테 유빌라테 K.165> <모테트 아베 베룸 코르푸스 K.618> <가곡
제비꽃>등이다.

♦

천재 신화의 뒤안길,
모차르트를 아세요?

여기서는 천재 모차르트 말고 인간 모차르트를 얘기해보고자 한다. 모차르트의 위대한 작품을 논하기 전에 그가 감내해내야 했던 처절한 고통을 이해하는 것이 지금까지 그의 음악을 사랑했던 것에 대한 조금의 예의일 것 같아서이다.

혹여 이해까지는 하지 못하더라도, 그가 세상을 떠날 무렵 가족과 친구, 사회에서조차 완전히 버림받다시피 하여 음악학자들도 추적을 포기했던 마지막 삶의 굴곡진 모습만이라도 기억하고 싶었다.

모차르트가 태어난 잘츠부르크는 그가 활동하던 당시에는 그렇게도 그를 천시賤視하다가 지금은 모든 산업이 모차르트로 통하고 있다. 오늘날 인구 15만의 이 도시를 찾는 관광객은 연간 650만 명 정도 된다. 잘츠부르크는 이 도시를 찾는 관광객들에게 모차르트의 음악이 아니라 모차르트의 이미지를 팔고 있다.

모차르트는 키가 150cm도 안 됐고, 천연두를 앓은 얼굴은 소위 곰

보였다. 눈은 근시에다 코는 비정상적일 정도로 컸다. 당시의 신문에서 '큰 코의 모차르트'라고 소개될 정도였으니 말이다. 그뿐 아니라 성격은 매우 날카롭고 신경질적이었으며, 머리는 몸에 비해 지나치게 컸다. 모차르트의 외모 중에서 가장 유명한 것은 기형적인 그의 왼쪽 귀로, 바깥귀外耳의 귓바퀴가 아예 없는, 아주 평평하고 괴상한 생김새였다. 1천 명 가운데 한 명꼴의 기형이라고 하는 이런 귀를 이비인후과 의사들은 '모차르트의 귀'라 부른다고 한다.

모차르트의 생애 마지막 2년은 정신적으로 깊은 우울 증세를 보였고, 점차 사람들로부터 고립되어 갔다. 그는 이때 홀로 고결하게 독야청청獨也靑靑한 게 아니라, 오히려 추적하기조차 힘든 질 나쁜 부류의 사람들과 어울렸다.

나는 그 당시의 모차르트를 감히 비난하고 싶지 않다. 이미 사회에서는 용도 폐기된 인간이라 더 이상 찾아주는 사람이 없었지만, 모차르트는 분명 사람이 그리웠을 것이다. 그게 비록 저속한 사람들이라 할지라도 말이다.

이 세상의 모든 사람들이 모차르트의 천재적인 음악과 삶을 얘기할 때, 그보다는 오히려 그의 쓸쓸한 마지막을 직시直視하고 이해하는 것이 모차르트의 음악으로 인해 행복을 느끼는 사람으로서의 최소한의 예의라고 생각한다.

아버지와 봉건영주들로부터 벗어나고자 했던 모차르트는 권력에 아부하지도 못하면서, 사실은 끝없이 사람들의 사랑을 갈구하기만 했던 '어른아이'였던 셈이다. 제대로 된 교육을 받지 못한 모차르트의 삶은 투정이 될 수밖에 없었고, 당시 계몽주의에 대한 인문학적

이해가 없었기에 자신이 원하는 것을 그냥 얻을 수 없다는 사실조차 그는 깨닫지 못했다.

모차르트 콘체르토(Concerto; 협주곡) 원본을 보면 심심치 않게 공백으로 남아 있는 부분들이 눈에 띈다. 이는 당대 연주자들이 으레 알아서 채워 넣어야 하는 부분이었다. 당시 모차르트에게 곡을 의뢰하는 대부분의 사람들이 돈 많은 아마추어들이었기에 악보는 쉽게 이해하고 연주할 수 있어야 했다. 그래서 모차르트의 솔로 부분은 화려하되 어렵지는 않아야 한다는 기본 전제를 바탕에 깔고 있다.

따라서 오늘날 모차르트를 연주할 때 반드시 요구되는 것은 단지 기교적인 측면만이 아니라, 악보에 기보記譜된 음들의 바깥에 있는 모차르트와의 영적인 교감이다. 'Out of Mozart'라고나 할까. 모차르트 밖에서 모차르트를 봐야 한다는 말이다. 벗어나지 않으면 결코 보이지 않는 게 인생이듯 말이다. 그만큼 많은 에너지가 소모되는 게 모차르트의 음악이다.

모차르트는 평생 자신을 이해해주지 못하는 세상을 향해, 때로는 모차르트 특유의 농담 안에 자신을 숨겼고, 때로는 그 세상을 대놓고 희롱하기도 했다. 그러나 모차르트의 음악들이 존재하지 않았더라면 베토벤을 비롯한 후대後代가 기댈 수 있는 음악의 이상적인 모델은 존재하지도 않았을 것이다.

"아빠, 저는 계속해서 꿈을 꿀 겁니다. 이 땅 위에 꿈을 꾸지 않는 사람은 하나도 없으니까요. …평화롭지 않거나 달콤하지 않은 것들은 꿈이 아니라 현실이죠. 제 현실은 많은 슬픔과 약간의 즐거움, 그리고 몇몇의 참을 수 없는 일들로 이루어져 있습니다."

(모차르트가 아버지에게 보낸 편지 중, 1778년 12월 31일, 뮌헨)

1791년 12월 5일 새벽 1시, 몸이 부을 대로 부은 모차르트는 지독한 고통 속에서 숨을 거둔다.

어른이 된 모차르트를 더 이상 반겨주지 않은 파리

1778년 22살의 모차르트는 어머니와 함께 생에 두 번 째로 파리를 찾아 소위 구직여행을 떠난다. 하지만 모차르트가 도착한 파리는, 7살 때 천재 모차르트를 반겨주던 그곳이 아니었다.

모차르트는 파리에서 6개월 동안 직장 때문에 전전긍긍하다 그만 어머니를 여의고 만다. 이 안타까운 사연 뒤에 가려진 모차르트를 바라보자.

왜 그토록 천재라고 떠들썩했고 자부심이 극에 달했던 모차르트가 파리에서 실패해야 했을까? 단순히 파리지엥들의 변덕 때문이었을까?

이런 질문에 대한 대답을 얻기 위해 모차르트라는 천재 신화에 빠져 있었던 시대적인 배경을 살펴볼 필요가 있다.

모차르트가 태어난 1756년은 유럽이 중세에서 근대로 가는 길목이었다. 당시 유럽은 프로이센의 '프리드리히 대왕', 오스트리아의 '요제프 2세', 스웨덴의 '구스타브 아돌프 3세' 등의 소위 '계몽군주'들이 지배하던 때였다.

이들은 중세를 벗어나 이성의 시대에 예술을 후원하기 위한 새로운 상징이 필요했는데, 그 중 하나가 바로 똑똑한 아동들을 대상으로 하는 '천재 신화'였다. 모차르트는 그것에 가장 부합하는 어린이였던 것이다.

모차르트가 태어나기 불과 100년 전만 해도, 사실 '신동神童'이라 불리는 아이들은 마귀의 자식들이었다. 뛰어난 재능이나 비상한 재주를 지닌 아이들을 비정상적으로 여겼기 때문에 중세 때의 천재들은 아무런 죄 없이 내쳐지거나 끔찍한 형벌을 받기도 했다.

시대가 바뀌면서 문화·경제적으로 성장한 시민계급은 아이들을 사랑으로 교육하기 시작한다. 아이들의 존재는 19세기에 와서야 비로소 가족의 중심에 자리를 잡게 됐다. (『아동의 탄생』, 필립 아리에스)

이러한 시대 상황에서 여덟 살에 이미 교향곡을 작곡하기 시작한 모차르트는 가장 대표적인 신동의 아이콘이었다. 특히 유럽 각지에서 모차르트가 연주를 할 때 시민들이 몰려와서 성황을 이루었던 이유는, 모차르트가 당시 문화적으로 중산층의 욕망을 대변했기 때문이다. 당시 군주들에겐 신동을 후원한다는 것이 자신의 계몽성을 천하에 보여주는 것이기도 했다.

비단 음악뿐만이 아니었다. 어린이를 위해 그림 형제의 동화가 나오고, 다양한 어린이용 대회가 경쟁적으로 열리면서 서로 대결을 통해 재주를 겨루는 것이 일상적인 풍경이었다. 이러한 모습은 우리에게도 낯설지는 않다.

여하튼 모차르트는 그렇게 우리에게 '신동'이란 이미지를 각인시키게 된다. 이 말은 모차르트가 지닌 재능만 가지고 클래식의 역사에 이름을 올린 것은 아니라는 뜻이다.

이 무렵 유럽에선 귀족들을 즐겁게 하기 위해 연주되던 클래식이, 귀족에게서 벗어나 일반 시민을 위해 연주되고, 계몽군주들은 시민의 요구에 힘입어 대중을 위한 커다란 음악회장을 짓는다. 이런 일은 시민들의 문화적 열망과 계몽군주의 명성을 높이기 위한 욕구가 맞아떨어진 결과다. 이때부터 단순하게 반복되던 음악이 혁신성을 가지고 변하기 시작한다. 단순한 '모방'이 아닌 '독창적인' 음악에 대한 열망이 나타나기 시작한 것이다.

사실 이런 점에서 본다면, 모차르트를 바라본 파리의 청중들은 정확했다. 그가 독창적이지 않아서 외면했던 것이다.

어릴 때부터 아버지를 따라 뮌헨, 만하임, 비엔나, 벨기에, 프랑스, 영국, 네덜란드, 스위스, 그리고 이탈리아 등 당시 내로라하는 유럽의 음악은 모두 섭렵했고, 그곳의 음악들을 기막히게 '모방'해내던 모차르트였다. 그토록 모든 음악을 흡수하고 즉시 재생산하기는 했지만, 자신의 독창성을 찾기에는 주변의 환호가 너무 컸다. 너무 어려서 찾아온 스타 의식이 자신 안에 감춰진 음악을 미처 깨우치지 못하게 했던 것이다.

모차르트가 5살 때 작곡을 시작했다고 해서 그 곡이 모두 독창적일 수는 없다. 굳이 자세히 들어보지 않아도, '하늘이 내린 천재'라는 선입견에 빠지지 않는다면 모차르트의 교향곡, 협주곡, 소나타 등은 '하이든(Franz Joseph Haydn, 1732~1809)'의 곡들과 닮은 점이 아주 많다.

어찌 보면 어머니를 여의면서까지 그가 겪어야 했던 파리에서의 냉혹함이 진정한 모차르트로 거듭나게 하는 계기가 된 것일 수도 있다. 아니 실제로 그랬다.

모차르트는 35년 동안 630여 곡을 작곡했지만, 모두 다 뛰어난 곡이라고 주장하는 것은 사실 어폐語弊가 있다. 다음의 유명한 두 곡이 파리에서의 아픔을 겪은 모차르트가 당대의 유행가의 선율을 사용하여 독창성을 발휘해 명곡으로 승화시킨 예이다.

그동안 1778년 파리에서 쓴 것으로 알려진 모차르트의 그 유명한 <터키 행진곡(소나타 제11번 A장조, K.331)>도 2014년 9월 헝가리 국립 세체니 도서관에서 그의 자필 악보가 발견되면서 실제 작곡연도가 1783년이라는 것이 밝혀졌다. 이 해는 1683년 비엔나가 터키의 침략을 물리친 지 꼭 100주년이 되던 해였다. 한동안은 이곡을 '파리 소나타'라고 부르며 모차르트가 파리 여행중이던 1778년 여름에 작곡된 것으로 알려 졌으나, 약 230년 만에 작곡년도가 1783년으로 밝혀진 것이다.

그리고 모차르트의 일명 <반짝반짝 작은 별 변주곡>, 정확하게는 <'아, 말씀드릴게요, 어머니' 주제에 의한 12개의 변주곡(Variations on 'Ah, vous dirai-je, Maman', K 265> 역시 모차르트가 파리 여행 중에 작곡했다고 알려져 있었지만, 최근 연구에 의하면 여행 중 어머니의 사망 등 인생의 경험을 쌓은 모차르트가 파리를 떠난 후 약 3~4년이 지난 1781~1782년경에 썼다고 보는 것이 정설이다.

예전에는 모차르트가 '본인이 한 번 휘갈겨 쓴 악보는 쳐다보지도 않는다.'는 식으로 얘기 됐고, 그것이 모차르트의 천재 신화를 더 부추겼다. 하지만 모차르트의 친필 악보가 하나하나 발견되면서 모차르트 역시 더 좋은 곡을 위해 여러 차례 고쳐 썼다는 사실이 밝혀진다.

신동에 관한 역사적 사실을 논외로 하더라도, 일반적으로 천재라고 하면 사람들은 많은 착각들을 한다. 그들은 지능지수가 매우 높고 비상해서 아무도 가르쳐 주지 않아도 스스로 모든 것을 알 수 있으며, 노력을 전혀 하지 않아도 늘 독창적인 영감에 사로 잡혀 있다고 말이다.

하지만 지능지수가 높다는 것은 이제 막 천재가 되는 길에 들어섰다는 데에 지나지 않는다. 천재가 거장이 되기 위해서는 피나는 노력과 끊임없는 자기부정이라는 통과의례를 반드시 거쳐야만 한다. 자신만의 독창성은 그 후에 찾아오는 선물과도 같다.

그러한 맥락에 있어서 모차르트의 두 번째 파리 여행은 바로 자기 자신과의 외로운 독대獨對였고, 결국 그는 그 고통을 극복해낸다. 모차르트의 위대함을 그의 끊임없는 자기부정과 노력에서 찾아야지, 천재 신화에만 기대는 것은 오히려 모차르트에 대한 심한 모욕일 것이다.

천재는 대단히 독창적이어야 한다는 것은 불문가지不問可知이나, 이를 위해서는 타고난 천재성을 뛰어넘는 초인적인 노력과 열정이 없이는 불가능하다는 사실 또한 알아야 한다.

그리고 그 노력은 누가 시켜서 하는 것이 아니다. 당연히 어릴 때는 대부분 부모의 강제성이 개입되겠지만, 어느 순간부터는 자기 스스로 즐기기 시작한다. 정확히는 그들은 누구도 막을 수 없는 고독과 광적인 상태에 빠져들면서 진정한 '천재'로 거듭나는 것이다.

음악사상 또 한 명의 천재였던 '쇼팽(Frédéric François Chopin, 1810~1849)'은 다음과 같은 말을 남겼다.

"떠오르는 아이디어 중에서 고르고 골라야 한다. 그렇지 않으면 그건 한갓 쓰레기에 지나지 않는다."

모차르트를 만들고 버림받은 아버지 레오폴트

아버지의 의미는 누구에게나 공통분모다. 그러나 존재로서의 아빠, 아버지는 개개인마다 다르다. 모차르트의 아버지 레오폴트와 베토벤의 아버지 요한은 자식의 재능을 키워주고 교육하는 과정에서 부모가 처한 사회적 환경과 경제적 조건을 극복하는 과정이 서로 달랐다.

레오폴트는 치밀한 계획 아래 세상을 이용하며 아이를 교육해 나갔고, 요한은 그 자식 교육에 있어서는 엄격했지만, 본인이 세상을 극복하지 못하고 술에 찌들어 결국 아들을 이용했다는 오명 속에 묻혔다.

모차르트와 베토벤은 아버지가 있었음에도 소년가장들로 자랐다는 점으로만 보면, 아버지들이 그 아이들을 숨 막히게 했던 것은 사실이다. 살아있을 때는 아버지 때문에 힘들었지만, 죽어서는 아버지 덕에 이름을 남기된 것은 역사의 아이러니이기도 하다.

모차르트의 아버지는 어떤 삶을 살았을까?

모차르트의 아버지 레오폴트(Johann Georg Leopold Mozart,

1719~1789)는 작곡가, 지휘자, 음악교사 그리고 바이올리니스트였다. 레오폴트는 아마데우스의 아버지로 더 유명하지만, 바이올린 교본인 『기초 바이올린 학습교본Versuch einer gründlichen Violinschule』만으로도 음악사에 남을 인물이다. 그리고 항간에 하이든의 작품으로 알려진 <장난감 교향곡>의 원작자가 바로 모차르트의 아버지 레오폴트이기도 하다.

한 마디로 젊은 날의 레오폴트는 요즘 말로 정말 끼 많고 다방면에 능력 있는 청년이었다. 성악가에다 연극배우이며 거기다 바이올린과 오르간에도 뛰어났으니 말이다. 게다가 그는 현미경과 망원경을 직접 만들 만큼 과학에도 조예가 깊었고, 잘츠부르크에서는 철학과 법을 공부하기도 했다.

레오폴트의 부모(모차르트의 조부모)는 그런 그를 가톨릭 신부로 만들려고 했다. 하지만 이는 신앙적인 이유라기보다는, 음악가보다 사제가 사회·경제적으로 안정적이라는 생각이 더 강했던 것으로 보인다. 하지만 예나 지금이나 어디 부모 마음대로 되는 자식이 몇이나 될까.

어쨌든 레오폴트는 1740년(21세)부터 바이올리니스트와 작곡가로서의 생활을 해나간다. 그는 1743년 잘츠부르크에서 오케스트라 바이올리니스트로 임명되는 동시에 잘츠부르크 대성당 소년합창단원들에게 작곡과 바이올린, 피아노를 가르치는 역할을 맡았다.

그러던 중, 1747년 안나 마리아 페르틀을 만나 결혼을 한다. 결혼 후 레오폴트는 오케스트라에서 제2 바이올리니스트를 거쳐 부(副)음악감독이 되었지만, 결국 카펠마이스터는 되지 못한다. 자존심이 강한 그가 부감독에만 머무르는 것이 결국 어린 모차르트와 누나 '난네를Nannerl' 남매를 데리고 오랜 순회 연주여행을 떠나게 된 계기로 추정되고 있다.

이런 그가 모차르트의 인생에 어떤 아버지로 투영되고 있는지 살펴보자.

모차르트가 어렸을 때는 귀족들이 그의 클라비어 연주를 재롱처럼 여겨 귀여워했지만, 나이가 든 모차르트는 더 이상 귀여움을 받을 수 없었다. 모차르트가 사람들과의 관계에서 유독 힘들어한 것은 아버지가 사회성에 대한 교육을 제대로 시키지 않았던 점도 무시할 수 없는 요인이다.

22세의 모차르트는 엄격한 아빠를 떠나 엄마와 파리에 머문 적이 있었다. 모차르트의 기억엔 7세 때 파리를 여행하며 귀족들에게 극찬을 받았던 장면만이 남아 있었을 수도 있다. 22살은 귀부인들의 무릎에 앉아 재롱을 부리기엔 너무 징그러운 나이가 아니던가? 다 큰 청년 모차르트는 이미 파리의 살롱에서는 용도 폐기된 장난감과도 같았다.

1778년 5월 귀족들의 차가운 가면假面에 외면당한 모차르트를 아무 말 없이 따뜻하게 안아주던 유머 가득했던 어머니가 두 달 후인 7월 3일 낯선 이국 땅 파리에서 숨을 거둔다. 이런 면에서 모차르트의 <피아노 소나타 A단조 K.310>은 눈물로 써내려간 그의 사모곡이다.

어머니가 돌아가신 후 잘츠부르크로 당장 돌아오라는 아버지의 엄명을 어기고 모차르트는 뮌헨으로 알로이시아를 찾아 떠난다(후에 아내가 된 콘스탄체의 언니다). 하지만 알로이시아에게 차인 모차르트는 1781년 잘츠부르크의 집을 떠나 비엔나로 가서 우여곡절 끝에 콘스탄체와 결혼 생활을 하는데, 아버지 레오폴트는 그때부터 1783년까지 딸 난네를과 산다.

참고로 그의 누나 난네를은 모차르트에게는 친구 이상의 존재였다. 난네를은 아버지를 위해, 또 동생을 위해 자기 자신을 희생하며 살다가 그녀의 나이 무려 33세가 되어서야 이미 두 번이나 결혼했고 5명의 자녀를 둔 남자 존넨부르크와 결혼한다.

1785년 아들 모차르트가 그리워 빈으로 찾아간 레오폴트는 며느리 콘스탄체에게 구박만 받고 돌아온다. 결혼하기 전 자기를 그렇게 반대했던 시아버지였으니 콘스탄체만 탓할 수는 없다. 모차르트도 그 이후 아버지가 중병에 걸렸는데도 불구하고 돌아가실 때까지 더 이상 찾지 않는다. 그래도 누나 난네를은 결혼 후에도 혼자 지내는 아버지가 외롭지 않게 자기가 낳은 아기의 양육을 할아버지에게 맡기기도 한다.

할아버지 레오폴트는 그 손자의 이름도 자신과 같은 레오폴트라고 짓고 음악가로 만들어 보려고 하였지만, 안타깝게 2년 후인 1787년 세상을 떠났다. 잘츠부르크 공동묘지에 있는 레오폴트의 묘비에는 그의 직함이었던 '부음악감독'만 적혀 있다.

그의 묘비 옆에는 그토록 싫어했던 며느리 콘스탄체의 묘비가 함께 있다.

레오폴트는 죽어서 아들 모차르트나 며느리 콘스탄체와 화해는 했을까? 아버지로서도 별로 성공적이지 못했던 그의 인생은 여러 모로 고독한 이 시대의 아버지와도 오버랩이 된다.

◆

모차르트는
즉흥연주의 대가였다

20세기 중반 이후에 '악보樂譜'는 마치 신성불가침의 최종 텍스트인 것처럼 여겨진다. 곡 해석은 악보 해석과 동격이 됐고, 만일 음표 하나라도 빼먹으면 무슨 큰 실수라도 한 것 마냥 스스로 자괴감에 빠지기 일쑤다. 이것은 연주라기보다 경쟁과 강박에 의한 암보暗譜 위주의 '의식행위'다.

일부 음악 마니아층은 음악 자체를 즐기기보다 틀린 것을 짚어내는 인간 감식기 역할을 더 즐기며, 자신들이 지닌 놀라운 귀를 자랑하기도 한다. 클래식이 일반 대중으로부터 멀어지게 한 가장 큰 이유 가운데 하나가 이러한 일부의 집착적인 감상 행위들이다.

"17세기 오페라가 대중들에게 흥행몰이를 할 때 오케스트라에는 전체 악기의 음악을 기록한 소위 총보總譜가 없었다. 단지 악곡의 기본 구조만 있어 연주자들은 자기 파트를 즉흥적으로 창작해서 연주해야 했다."

뉴질랜드 출신의 음악학자 '크리스토퍼 스몰(Christopher Small, 1927~2011)'의 말이다. 그는 18, 19세기 오페라에서 연주자들이 악보를 수정하고 삭제하거나 끼워 넣는 것은 매우 흔한 일이었다고 지적한다. 심지어 유명세를 탄 성악가들은 작곡가의 아리아가 아니라 자신이 가져온 새로운 아리아를 부르는 경우도 있었다.

이 팩트가 불편한 분들도 있을 것이다. 무서운 습관의 관성이다. 하지만 어쩌랴. '악보 중심주의'와 '작곡가 중심주의'는 실로 그리 오래되지 않은 클래식 음악의 진지함을 위한 다른 고안 장치일 뿐이다. 사실 음악이 태동된 이후 세상의 모든 음악은 작곡보다 연주가 우선이었다. 악보보다 현장에서 이뤄지는 즉흥행위가 보다 더 자연스러웠던 것이다.

이미 서구사회에서는 신성불가침으로 여겨지던 악보 중심주의의 음악이 그 두터운 베일을 벗은 지는 오래됐다. 악보는 기록의 수단임에는 분명하나, 연주자의 감성을 방해할 때는 악보를 버릴 수도 있어야 한다.

모차르트와 베토벤의 즉흥연주를 복원하는 데 세계적인 권위를 지닌 하버드대 음악학 교수인 '레빈(Robert levin, 1947~)' 교수는 연주가들이 지녀야 하는 능력 중 즉흥연주를 강조하며 연주의 즉흥성을 우리의 언어습관과 비교한다.

"우리가 말을 할 때 즉흥으로 합니다. 음악도 언어language입니다. 상황에 맞게 청중과 소통했던 모차르트의 즉흥언어를 배워야 합니다."

그는 어느 강연에서나 연주자는 기보된 음만을 녹음기처럼 재생

할 것이 아니라 작곡가들이 평소에 어떤 스타일로 말하는지를 면밀히 연구한다면, 악보가 비어 있는 곳에 작곡가의 언어로 즉흥연주를 채워 넣을 수 있다고 주장한다.

레빈 교수는 또한 "모차르트 자신이 당대에 연주했던 곡들은 '박물관스러운museum-like' 의식이 아니었으며, 오히려 '쇼-비즈니스'에 가까웠다."라고도 한다. 음악사적으로든 연주가 입장으로든 무척 설득력 있다.

모차르트가 즉흥연주의 대가였다는 이야기는 말하자면 자신이 연주하기 위해 작곡한 악보에는 이것저것 모두 기보記譜할 필요가 없었다는 뜻이기도 하다.

레빈 교수의 말들은 결코 개인적 단상이 아니라 역사적 사실 위에서 이뤄진 연구의 결과물들이다. 나는 그의 주장을 뒷받침하기 위해 19세기 악보출판의 발달과 판매는 즉흥연주가 불가능했던 신흥 부르주아 계층들의 요구와 작곡가들의 저작권에 대한 권리라는 측면에서 살펴보고자 한다.

모차르트 당시의 음악시장은 후원에 의한 주문생산이었다. 음악가(작곡가=연주가)는 후원자로부터 경제적 지원을 받는 대신, 그들이 만들어내는 작품에 대한 소유권은 당연히 후원자에게로 귀속되었다.

당대의 연주는 귀족사회에서 행해졌던 사교의 성격이었기에 그가 남긴 자필악보 <피아노 협주곡 21번 1악장>이나 <22번> 원전 악보는 그야말로 듬성듬성하고, <26번('대관')>의 자필 악보에서 느린 악장의 시작 부분에서는 피아노의 오른손 악보만 쓰여 있다.

모차르트는 장식 부분뿐만 아니라 왼손도 즉흥으로 연주했을 것이다. 이는 결코 미완성악보가 아니라 완성할 필요가 없는 악보라는 걸 뜻한다. 나머지 연주는 상황에 따라 다르게 연주하면 됐던 것이다.

악보 출판에 있어서 모차르트 이전에 선구적인 인물이 있긴 했다. 프랑스에서 루이 14세의 후원과 총애를 한 몸에 받던 화성학의 대가 '륄리(Jean Baptiste Lully, 1632~1687)'였는데, 그는 악보 출판에 대한 독점권을 부여받아 자신의 허락 없이는 악보의 인쇄·배포·판매·연주를 불허했다. 음악사적으로도 대단히 파격적인 일이었다.

하지만 본격적으로 악보의 상업적 출판이 시작된 것은 18세기 후반의 일이다. 이때부터 지금의 악보와 같은 화음기호들의 기입과 낱장악보Sheet music의 대량복제가 가능했다고 보면 된다. 시장의 변화에 따라 18세기 후반에 악보출판을 전문으로 하는 음악출판사가 등장하고 악보출판이 작곡가의 주요 수입원 중 하나가 된 것이다. 저작권의 시작이다. 이 저작권으로 인해 동시대 작곡가들의 연주는 급격히 줄어든다. 비싼 저작료 때문이었다.

악보출판과 판매는 음악의 대중문화를 선도해나갔고, 신흥 부르주아 계층 사람들, 즉 아마추어 연주가들이 손쉽게 연주할 수 있도록 편곡된 악보들이 대량으로 생산되었다. 이러한 악보출판과 판매에 이어 축음기 발명과 TV, 라디오 등 매체의 기술적 발달은 서양음악을 나누는 큰 분수령이 됐다.

한 마디로 1877년 축음기가 등장하기 전의 모든 음악이 소위 고전음악이다. 그 이후 전파를 탄 음악들은 작곡가의 의지와는 상관없는 방향으로 연주의 방향이 흘러가게 된다. 이제는 굳이 음악회나 악보를 통하지 않고서도 얼마든지 음악을 접할 수 있게 되어, 작곡가들보다 연주자들이 더 큰 인기를 얻게 되었다.

사실 굳이 모차르트의 사례나 레빈 교수의 말을 인용하지 않아도 연주가 더 이상 기보된 악보의 재연이 아니라는 것은 이제 연주자들에게는 불필요한 말이다.

마지막으로 음악을 사색한 뛰어난 피아니스트 '페루치오 벤베누토 부조니(Ferruccio Benvenuto Busoni, 1866-1924)'를 기억해 본다.

그는 대부분의 피아니스트들이 중요시했던 색조나 기교보다는 아이디어를 더 중시했던 연주자다. 작곡가가 무엇을 의도했는지를 연구하면서 미적인 측면에서 음악을 다시 한 번 생각한 부조니는 상식에서 벗어나거나 과시하는 듯한 낭만주의적 색채를 자신의 피아노 연주에서 멀리하였고, 인쇄된 악보를 절대적으로 신성시하지도 않았다. 연주할 때 작곡가의 의도에 따라야 한다는 기본적인 이론을 갖고는 있었으나, 음악적 효과를 최대한 활용하기 위해서는 작품 가운데 일부를 개작하거나 수정할 수도 있다고 생각하였고, 실제로 악보에 자기 자신을 적용하기 위해 변화를 주기도 하였다.

그의 창의력은 이 시대 음악가들이 반드시 생각해보아야 한다. 그는 "작곡가가 나타내려고 한 정신이 그대로 표출된다면 악보를 조금 수정하여 연주한들 누가 무어라 하겠는가?"라며, 지금 마치 액자처럼 연주하고 교육하는 음악가들과 교육자들에게 강한 메시지를 던진다.

창조적인 음악가라면 악보 안에서 새로운 음악을 만들어야 한다. 음악이 태동한 과거에는 '악보가 중심이 되는 연주'는 아예 없었다. 풍부한 상상력이 없는 단순한 모방은 무의미한 소리에 지나지 않으니까…….

모차르트가 즉흥적으로 연주한 곡들은?

모차르트에게 있어서 연주란 당시 청중(귀족)들에게 자신의 얘기를 하는 일종의 스토리텔링이었다. 물론 그것을 몇 명이 이해했는지는 예나 지금이나 그리 중요치는 않다. 연주자와 청중은 어쩌면 동상이몽의 존재들이니까.. 그래도 모든 연주는 언어이외의 커뮤니케이션이다.

모차르트뿐만 아니라 당시의 음악가(작곡가=연주자)들은 연주할 때마다 같은 곡이라 하더라도 다른 음들을 첨가하는 즉흥연주의 선수들이었다. 그리고 지금 모차르트의 피아노 악보들 중 많은 수가 남아 있는 것은 누나 난네를의 영향이다. 이는 난네를은 모차르트보다 즉흥연주에 약했기 때문에 누나의 연주를 위해 모차르트가 장식음등을 악보에 기보해준 경우가 많았기 때문이다. 그렇다면 과연 모차르트가 즉흥적으로 연주한 곡들은 어떤 곡들일까?

모차르트 전문가 폴 바두라 스코다의 '모차르트 연주법과 해석'을 보면 모차르트의 즉흥연주를 독주곡, 실내악곡 그리고 협주곡으로 분류 하여 살펴놨는데 그 내용이 흥미를 끈다.

즉흥연주의 차원에서 보면 실내악곡은 여러 연주자가 어울려서 공동으로 연주를 해야 하는 작업이므로 즉흥연주의 어려움이 있다는 것은 누구나 짐작할 수 있을 것이다.

그리고 독주곡은 대부분 모차르트가 살아있을 때 출판되었는데 이는 독주곡 작곡의 목적이 자신을 위한 연주라기보다는 타인의 연주나 교습용의 목적이 컸었다는 것을 의미하는 것이다. 당시 연주자들이 연주했던 악보에는 장식음들을 기보하지 않고 연주할 때 마다 본인 들이 즉흥적으로 장식음을 연주했던 것에 비해 모차르트의 출판된 독주곡에는 장식음들이 상세히 기재해 놓았다. 이로 미루어 타인을 위한 악보라고 보는 것이다. 반면에 협주곡은 독주곡과 달리 생전에 출판되지 않은 경우가 많고, 관현악 총보에 비해 독주부분이 미완성으로 빈 경우가 많다. 위 내용을 토대로 모차르트의 피아노 협주곡은 그의 건반 작품 중에서 모차르트 본인이 즉흥적으로 연주했을 것으로 추정 할 수 있다. 모차르트 당시에 즉흥연주는 시대적 관행이기도 하였으나 모차르트의 경우는 개인의 특수한 연주 습관으로 볼 수 있다. 피아노 협주곡의 경우 당일 오전까지 작곡해서 저녁에 연주하는 경우도 종종 있었기에 악보에 완벽하게 기보할 시간적인 여유도 없었고, 굳이 머릿속에 있는 독주부분은 기보할 필요도 없었다. 협주곡을 연주 할 때 모차르트 자신이 연주자, 지휘자 작곡가의 1인 3역을 수행했으므로 그의 즉흥연주는 다른 이의 작품을 연주하는 연주자의 즉흥연주와는 달리 모차르트의 머릿속에 이미 존재하고 있는 수많은 음들이 악보를 거치지 않고 구현된 것으로 보는 것이 타당하다. 오늘날 모차르트의 미완성곡들을 연주할 때 연주자 자신의 스타일로 하기 보다는 시대적 연주 관습Performance Practice를 연구해 연주하는 것이 모차르트의 완성도를 높인다는 것을 의미하는 것이기도 하다. 만일 모차르트가 살았을 때 먼 미래에 본인이 이토록 엄청난 인기를 구가할 줄을 미리 알았다면 더욱 세밀하게 악보를 기입했을 것이다.

◆

우리가 모차르트 음악을 얘기하는 동안
모차르트로 돈을 버는 잘츠부르크와 프라하

'예술은 권력보다 오래 간다.'는 말이 있다. 모차르트의 고향 잘츠부르크와 <돈 조반니>의 고향 프라하를 생각하면 이 말을 좀 더 자세히 들여다보고 싶어진다. 이 두 곳은 모차르트를 이용한 돈벌이가 최고인 도시들이기 때문이다.

잘츠부르크와 프라하는 그렇게 예술과 권력을 유지한다. 정작 모차르트는 살아생전 고향인잘츠부르크와는 사이가 안 좋았다거나, 프라하가 모차르트를 이용한다는 등의 말들이 낯설지 않은 것은 음악가들에 대한 이 땅의 대접 또한 그리 다르지 않기 때문이리라.

지금은 인구 15만의 도시인 잘츠부르크에 해마다 찾아오는 관광객이 650만 명이다. 잘츠부르크는 관광객들에게 모차르트의 음악이 아니라 모차르트의 이미지를 판다고 보는 것이 정확하다. 실로 대단한 마케팅이고 잘츠부르크의 무서운 저력이다.

잘츠부르크는 음악의 도시가 아니었으나, 오늘날 잘츠부르크에

돈을 안겨다 주는 거대한 산업은 물론 모차르트이고 1965년에 제작된 <사운드 오브 뮤직> 또한 한몫을 거들고 있다. 물론 <사운드 오브 뮤직>이나 지휘자 '카라얀(Herbert von Karajan, 1908~1989)' 관련 산업들은 모두 모차르트를 상품화시킨 이후에 발전했다.

오스트리아는 역사적으로 소금의 도시였다. BC 179년, 켈트족이 천지에 소금 광산이 널려 있던 오스트리아 상층부에 처음 왕국을 세웠는데, 그곳이 잘츠부르크Salzburg였다. 오스트리아 지명에는 소금 salz이라는 단어가 많이 들어 있고, 유럽에서 '부르그bourg, bourgh'로 끝나는 지명은 과거에 자치 시市였다는 뜻이다.

중세 봉건영주 시절 자치를 허용했다는 것은 그들끼리 잘 살았다는 뜻이다 보니, 잘츠부르크는 인류에게 가장 소중한 소금을 보유한 소금 왕국이었다. 또한 798년에 가톨릭 대교구가 된 후 비엔나 회의의 결정에 기초해서 1816년에 최종적으로 오스트리아 령領이 되기까지 정치·문화적으로 로마의 교황청과 깊이 결부되어 있어 '북쪽의 로마'로도 불렸다.

모차르트 산업 외에도 오스트리아는 많은 건축양식을 가진 건축의 보고이기도 하다. 여러 골목길들의 이름을 기억해 보면 된다. 게트라이데 거리Getreidegasse, 골트 거리Goldgasse, 유덴 거리(Judengasse,유태인 거리), 카이 거리Kaigasse, 린처 거리Linzer Gasse, 슈타인 거리Steingasse 등의 골목에서는 중세, 로마네스크, 르네상스, 바로크 양식의 건물이나 군주제 시대의 우아한 양식의 집들을 볼 수 있다. 모차르트 마케팅 뒤의 가려진 보물들이다. 이곳이 1996년에 중세가 숨 쉬는 아름다운 도시로 선정되어, 유네스코 세계

유산으로 지정된 것을 아는 관광객은 의외로 적다.

사실 오스트리아 사람들을 만나보면 그들의 냉소적이기까지 한 어두운 표정에 놀란다. 그 암울함에 빛을 주는 것이 잘츠부르크의 모차르트 산업이다.

역사적으로 켈트족이 세운 왕국의 이름은 노리쿰Noricum이었고, 이 노리쿰 왕국은 도나우 강 지역, 서부 슈티리아, 카린티아까지 영향권을 넓혀 오스트리아-슬로베니아에 이르는 광대한 영토를 형성했다. 모든 유럽 왕가와 연결돼 권세를 부리던 합스부르크 왕가는 신성로마제국이 몰락한 뒤 오스트리아-헝가리 제국을 세운다. 이후 오스트리아는 제1차 세계대전에 참전했다가 제국이 해체됐고, 2차 세계대전에서는 나치 히틀러에게 강제로 나라가 병합된다. 그 후엔 미국-영국-프랑스-소련에 의해 1955년까지 분할 통치를 받지 않았던가.

독일, 프랑스 동부, 이탈리아 북부, 중부 유럽에 이르던 과거의 영토를 상상할 수 없을 만큼 축소된 지금의 오스트리아에서 사는 오스트리아인들에게 밝은 표정을 바라는 것도 무리일 수 있겠다. 지금은 동구권의 빈민도 많이 유입되고 있어서, 그곳 사람들이 낯선 이를 경계하는 것도 당연하다 싶다.

아름다운 관광지로 알려진 곳의 아픈 역사는 단순히 보는 관광 sightseeing이 아닌 고통을 이해하는 관광trouble이라는 것을 되새겨주기도 한다. 이런 오스트리아에도 유독 사시사철 행복을 느낄 수 있는 곳이 바로 발길 닿는 곳마다 모차르트를 보게 되는 잘츠부르크다.

그곳엔 1년에 모차르트 관련 공연만 130여 개가 넘고 기념품 가게 앞에는 모차르트가 비싼 초콜릿 세트를 들고 서 있는가 하면, 모차르트 카페도 있다. 여하튼 온갖 것에 모차르트를 갖다 붙이면 상품이 되는 곳이다. 모차르트 콘서트를 알리는 포스터는 눈감아도 보이고, 모차르트의 이름이 있는 디녀도 유명하다. 모차르트 시대의 복장을 한 공연단의 오페라를 보며 식사를 하는 프로그램도 다반사다.

어디 그뿐이랴. 작곡가 '리하르트 슈트라우스(Richard Georg Strauss, 1864~1949)'와 극작가 '호프만슈탈(Hugo von Hofmannsthal, 1874~1929)'이 개최하기 시작하여 매년 7월과 8월에 열리는 '잘츠부르크 페스티벌'은 독일의 '바이로이트 축제'와 더불어 유럽을 대표하는 음악축제로 자리 잡았다.

물론 항간에는 모차르트가 살아있을 때나 비참하게 죽어갈 때는 기억하지 않다가 지금 와서 모차르트를 이용해 돈을 버는 잘츠부르크의 상업적 마케팅에 대한 비판도 있지만, 나는 이렇게 문화를 상품으로 하는 그들이 부럽기만 하다.

이런 비난을 들은 잘츠부르크 사람들은 체코의 프라하는 한 술 더 뜬다고 발끈하기도 하는데, 사실 살아생전 모차르트를 알뜰히 챙겨준 프라하 입장에선 때늦은 비난이 억울하기도 하겠지만, 노이즈 마케팅의 덕은 톡톡히 보니 상업적으로 손해만은 아닌 듯도 하다.

모차르트는 1787년 건강과 재정, 그리고 심리적으로 가장 힘든 시기를 보낸다. 후원자인 '하츠펠트 백작'이 세상을 떠나고, 연인이며 가장 뛰어난 소프라노였던 '낸시 스토라체' 역시 그를 떠났고, 심지어 아버지마저 세상을 떠났던 것이다.

이런 상황을 맞아 프라하에서 내민 따뜻한 손길을 거절할 이유는 없었다. 오히려 너무 고맙고 반가웠을 것이다. 잘츠부르크에서부터 인연이 있던 오페라가수 듀세크(듀스코바)의 초청으로 프라하에 간 모차르트에게 스타보브스케 극장주인 노스티츠 백작은 많은 후원을 했다. 이런 성원에 모차르트는 오페라 <돈 조반니>를 작곡해 1787년 10월 29일 스타보브스케 극장에서 초연하고 대성공을 거둔다.

이 스타보브스케 극장에서 약 300m 거리에 위치한 지금의 '벨트람카 모차르트 박물관'이 듀섹크 부부가 제공한 집이라고 알려졌다. 이곳에서 <돈 조반니>의 작업이 이뤄졌다는 얘기가 있으나 모차르트의 본인의 기록이나 편지엔 언급되지 않아서 진위 여부는 확인된 바가 없다. 하지만 이곳 또한 잘 팔리는 관광 상품이다. 참고로 스타보브스케 극장은 1783년 프란티쉑 안토닌 노스티츠-리에넥 백작이 건립하였고, 노스티츠 민족극장으로 불리다가 1798년 체코 지방 귀족회에 팔린 후, 스타보브스케 극장으로 개명되었다. 체코어로 Stav 의 뜻은 신분 또는 계층을 뜻하고, 이를 영어로 Estate라고 한다. 그래서 이 극장을 영어로 Estate Theatre라고 하는데, 한국에서는 '에스타테트 또는 에스타트 극장'이라는 국적불명의 명칭으로 돌아다녀 참 혼란스럽다. 그냥 '돈 조반니 극장'이라고 부르면 현지에서 알아 듣는다.

그 이후 프라하는 '돈 조반니의 도시'라는 별명을 얻고, 프라하 시민들은 모차르트에게 기사장騎士將인 '얼굴 없는 유령' 청동상을 선물로 주어 지금도 스타보브스케 극장 앞에 남아 있는 명물이 됐다.

사실 모차르트와 프라하의 인연은 <돈 조반니> 이전부터였다. 프라하는 이미 <피가로의 결혼>을 모차르트 없이 성공적으로 공연을 마친 후였고, 그 이전 1783년에는 독일 오페라 <후궁으로로부터의 유괴>도 반응이 좋았다. 인연이 하루아침에 만들어 진 건 아니다.

모차르트의 <피가로의 결혼>은 1786년 5월 1일 빈의 궁정극장 Burgtheater에서 초연初演을 가졌으나 성공적이진 않았다. 그런데 그 해 12월 초, <피가로의 결혼>은 프라하에서 공연되어 기대 이상의 대성공을 거두었다.

당시 프라하의 신문인 오버포스트암트차이퉁Oberpostamtzeitung은 "위대한 걸작이다. 그 어떤 오페라도 <피가로의 결혼>만큼 센세이션을 일으킨 것은 없다. 이미 프라하에서 몇 번이나 공연되었지만 '피가로의 결혼'은 공연을 거듭할수록 프라하로부터 무한정의 박수갈채를 받았다."라고 보도했다.

이때부터 프라하 사람들은 돈을 모아 모차르트를 프라하에 초청하기에 이른다. 이런 공연에는 작곡가가 있어야 하니까 말이다. 정치적 이유를 떠나 부러운 건 사실이다. 그래서 모차르트는 1787년 1월 11일 프라하에 영광스럽게 도착한다. 지금이야 5시간 정도만 가면 되지만 그때는 족히 이틀은 걸리는 길이었다. 워낙 여행에는 익숙한 모차르트이긴 하지만…….

이미 프라하에서 영웅이 된 모차르트는 1월 17일 <피가로의 결혼>을 객석에서 프라하 관중들과 함께 관람했고, 그들은 이런 모차르트에 열광했다. 닷새 후 1월 22일에 모차르트는 공연을 직접 지휘하였고, 청중들은 연주 후에도 자리를 뜨지 않았다고 한다. 그때의 흥분과 감동을 잊지 않고 모차르트를 프라하에 다시 초청하게 된 것은 당연하지 않은가?

어쨌든 모차르트는 아픈 몸을 이끌고 <돈 조반니> 공연을 위해 10월 1일 빈을 떠나서 10월 4일 다시 프라하를 방문한다.

원래 <돈 조반니>는 빈에서 프라하로 오는 한 황족 부부를 위해 10월 14일에 맞춰 공연하기로 되어 있었으나, 가수들의 연습 부족으로 10월 29일에나 초연되었고, 14일에는 <피가로의 결혼>이 공연됐다는 일화도 있다.

잘츠부르크든 프라하든 모차르트와 관련이 있다고만 하면 관광객들한테는 필수 관광지들이다. 이렇게 보면 프라하 사람들은 모차르트를 사랑했다는 명분이 분명해 보이고, 잘츠부르크는 명분보다 고향이라는 실리를 챙긴 듯하다. 어쨌든 프라하나 잘츠부르크나 모차르트 덕분에 잘 살고 있는 것은 분명하다.

프라하의 스타보브스케 극장이 1년 공연의 대부분을 모차르트의 오페라 <돈 조반니> 공연으로 채우며 관객들을 모으는 거나, 무엇이든 모차르트로 팔아치우는 잘츠부르크 사람이나 둘 다 대단하긴 매한가지다.

어차피 모차르트에겐 후손도 없으니 그의 유산 문제로 다툴 일도 없으니 말이다.

♦

모차르트의 여인들

빼어난 소프라노 가수들에게 푹 빠졌던 모차르트

모차르트의 아내 '콘스탄체(Constanze Mozart, 1762~1842)'는 뛰어난 음악가였다. 그런데 모차르트의 아내이다 보니 사람들은 종종 간과한다.

비단 모차르트만 그런 것은 아니다. 논란의 여지가 있지만, 일반적으로 음악가들은 음악을 잘하거나 자신의 음악을 너그러이 이해해 주는 사람들에게 많이 약한 경향이 있다. 그 대상이 예쁜 여자들이거나 멋진 남자들이라면 거의 숭배에 가깝다.

그런데 우리의 모차르트는 숱한 여성들과 염문을 뿌리며 화려하게 역사를 장식했지만 여성들에게 그리 큰 상처를 입지는 않았다. 사실 그가 그 고단한 삶을 즐기면서 살아낸 마법 같은 사랑과 질투의 함수관계가 음악보다 가끔은 더 짜릿하다.

모차르트의 아내 콘스탄체를 중심으로 그녀의 언니 알로이시아, 당시의 스타 소프라노 낸시 스토라체, 그리고 어떤 면에서는 모차르트를 가장 잘 이해해준 사촌 베즐레와의 관계를 통해 인간 모차르트와 음악가 모차르트 사이의 아스라한 욕망의 외줄타기를 바라보자.

현처도 악처도 아니었던 모차르트의 아내

모차르트의 부인 '콘스탄체(Constanze Mozart, 1762~1842)'는 과연 세간에서 얘기하는 대로 악처일까? 결론부터 말하자면 아니다!

실제로 모차르트와 그의 아내 콘스탄체는 성性적으로 궁합이 잘 맞는 커플이었다. 한 마디로 이 둘은 질펀하게 잘 놀며, 서로를 향해 질투의 날도 거리낌 없이 세웠던 낯 뜨거운 부부였다. 모차르트가 그의 아내 콘스탄체와는 성적으로, 또 다른 여성들과는 음악적 관계를 이유로 묘한 유대관계를 맺으며 육체와 정신을 넘나드는 독특한 생활을 했다고 보는 것이 맞다.

모차르트가 아내를 두고 이중 살림을 차린 것은 아니지만, 그의 사랑 방정식은 본인도 풀 수 없는 질이 완전히 다른 두 차원으로 이루어져 있기 때문이다. 그 모든 것을 알고 결혼생활을 유지한 것이 콘스탄체다.

서로 다른 이 두 차원을 얘기하기 위해 모차르트가 평생을 두고 어떤 방식으로든 사랑했던 네 여인을 살펴보는 것이 흥미롭다.

첫 번째로 살펴볼 여인이 콘스탄체다.

모차르트의 아내였던 콘스탄체는 26세의 모차르트와 20세에 결혼을 한다. 9년의 결혼생활 중 4남 2녀의 자식들을 출산할 만큼 임신과 출산의 연속이었다. 잦은 임신으로 인해 그녀는 자주 아팠고 허약할 수밖에 없었다. 하지만 '골골 80'이라 했던가? 모차르트가 죽은 후 51년이나 더 살다 1842년 그녀의 나이 80세 때 사망했다. 어쨌든 모차르트와의 결혼 생활 중엔 유난히 병치레가 잦았다. 유년기의 연주여행과 장년기의 호구지책을 위한 연주 여행 등으로 인해 한 곳에 정착하지 못하는 방랑자 모차르트의 음악 생활 때문에 콘스탄체의 독수공방도 병치레 못지않게 잦았다.

콘스탄체는 남편 모차르트의 명성을 위해 후대에 악의적으로 악처惡妻의 누명을 쓴 흔적이 농후하다. 어차피 모차르트와 콘스탄체 사이에서 난 6명의 자녀들 중 넷은 일찍 죽고 그나마 2명도 자녀가 없어 후손이 끊겼기 때문에 얼마든지 포장이 가능하지 않겠는가?

콘스탄체는 모차르트의 음악적 재능을 방해했다기보다 오히려 도와준 여인이다. 콘스탄체는 뛰어난 소프라노였고 모차르트는 1783년 자신의 <C단조 미사곡>의 소프라노 솔로를 콘스탄체에게 맡겼을 정도다. 콘스탄체의 두 언니인 '알로이시아'와 '요제파' 역시 탁월한 소프라노였다. 어디 그뿐이랴. 콘스탄체는 대위법에도 조예가 깊어 모차르트는 그의 판타지와 <푸가 K.384>를 그녀와 상의하며 작곡했을 정도다.

1789년과 1791년 사이에 주고받은 둘의 편지는 낯간지럽기 그지없다. 그리고 모차르트가 뛰어난 작품을 많이 남긴 것도 콘스탄체와의 결혼생활을 지속하던 그 시기였다.

1791년 모차르트가 빚을 떠안은 채 죽자 콘스탄체는 생계를 위해 적극적으로 삶의 현장에 뛰어든다. 그것을 비난할 수는 없다. 모차르트에게 비교적 우호적이었던 슈비텐 남작을 통해 레오폴트 황제를 알현해 연금을 받은 것도 그녀였고, 모차르트를 궁정극장에서 대중극장으로 인도한 <마술피리>의 산파이자 뛰어난 공연 제작자인 '쉬카네더'로부터 남편의 작품공연으로 인한 수입금을 받은 것도 그녀였다. 그리고 모차르트의 유고집들을 출판하였고, 둘째 남편과 그의 자서전을 편찬하는 사업 수완을 발휘하는 것도 콘스탄체다.

콘스탄체는 첫 남편인 모차르트 사후에 '게오르그 니콜라우스 폰 니쎈(Georg Nikolaus von Nissen, 1761~1826)'이라는 작가 겸 덴마크 외교관인 남자를 만나게 되는데, 그녀의 집에 세 들어 살던 니쎈은 '모차르트의 음악과 삶'에 대해 큰 관심을 보이다가 콘스탄체와 결혼했고 그녀는 재혼한 남편 니쎈과 모차르트 자료들을 모아서 그의 업적을 기리는 사업을 펼치고, 모차르트 전기를 편찬한다.

모차르트 사망 당시(1791년) 29세였던 콘스탄체는 모차르트의 주옥같은 음악을 품고 있었지만 경제적으로는 몹시 어려웠다. 젊은 미망인의 선택은 여러 면에서 안정적인 40대 후반의 니쎈이었고, 결혼 생활은 나이 많고 점잖은 남편의 이해와 배려로 무난했던 것으로 보인다.

무엇보다 콘스탄체는 모차르트가 세상을 떠나고 나서 니쎈과 동거는 했지만, 무려 18년이 지나서야 그와 정식으로 결혼했다. 이렇듯 콘스탄체는 사랑했던 첫 남편이 죽고 얼마 되지 않아 금방 결혼해 버리는 '의리' 없는 여인은 아니었다. 비록 햇수로 콘스탄체는 모차르트와는 9년, 니쎈과는 17년 동안 결혼생활을 했지만, 니쎈이 세상을 떠날 때까지 그녀는 늘 전기 집필이란 이유로 '모차르트'와 함께였다. 그렇게 니쎈이 죽은 후, 묘비에 본인의 이름인 콘스탄체 대신에 '모차르트 미망인의 남편'이라는 문구를 새겨 넣기까지 한 여인이었다. 니쎈이 먼저 죽어서 자신의 묘비명을 보지 못한 건 다행이라 생각한다.

그런 그녀에게 '악처'라는 수식은 지나친 면이 없지 않다. 이유야 어떻든 모차르트는 콘스탄체 덕에 사후에도 명성을 유지하게 된 것은 부인할 수 없는 사실이기 때문이다.

창밖의 여인 알로이시아

'음모의 덫에 걸린 모차르트.'

22세(1778년)의 모차르트가 만하임에 체류할 당시, 악보 사보업자이자 흥행사인 프리돌린 베버 일가와 운명적인 조우를 한다. 이 집의 둘째 딸인, 당시 꽤나 잘나가는 16세의 소프라노 '알로이시아'에게 모차르트는 마음을 빼앗겨 버린다. 지난번에 소개한 모차르트의 아내 '콘스탄체'는 알로이시아의 한 살 아래 동생이었지만, 당시 모차르트는 콘스탄체에겐 전혀 관심도 없었다. 즉, 콘스탄체보다 먼저 사랑에 빠진 사람이 알로이시아이다.

모차르트가 알로이시아에게 매료된 것은 외모도 외모지만 무엇보다 그녀의 음악적인 재능이었다. 그는 알로이시아만을 위한 아리아를 작곡했으며, 그녀를 유명하게 만들기 위해 오페라를 작곡할 계획까지 하였다. 그녀에게 쓴 편지는 이탈리아어로 되어 있으며, 모차르트가 다른 여인들에겐 자주 사용했던 농담이나 희롱은 찾아볼 수 없고 진지한 말투와 숭배로 일관되어 있다. 모차르트가 당시 알로이시아를 위해 쓴 작품만 살펴보더라도 그녀가 고음에 특히 뛰어났던 콜로라투라 가수였음을 여실히 보여준다.

<소프라노를 위한 레시타티브와 아리아 Alcandro, lo confesso(K294) 나는 모르네, 이 애틋한 사랑이 어디서 왔는지>를 비롯하여 기네스북에 기록되어 최고음인 G6까지 내도록 되어 있는 <소프라노를 위한 레시타티브와 아리아 Popoli Di Tessaglia(K316),테살리아의 사람들이여,나는 영원의 신에게 요청하지 않으리라> 등이 그것이다. 그 외에도 <소프라노를 위한 아리아 Nehmt meinen Dank, ihr holden Gönner!(K383: 감사를 받으소서, 거룩한 후원자시여)>, <세나Scena 와 론도 Mia speranza adorata-Ah, non sai, qual pena(K416),나의 사랑스런 희망! 아, 당신은 그 고통을 몰라요>, 그리고 알로이시아가 궁정극장에서 부를 수 있게 작곡한 두 아리아 <Vorrei spiegarvi, oh Dio!(K418: 하느님이시여 당신에게 말할 수 있다면)>와 <No, no, che non sei capace(K419),아니요, 당신은 아무 것도 몰라요>, 그리고 <소프라노를 위한 아리아 Ah se in ciel(K538),아, 상냥한 별들이여 하늘은> 등이 있다.

그뿐만이 아니다. 모차르트는 오페라 <돈 조반니>의 '돈나 안나 Donna Anna'를 알로이시아를 염두에 두고 작곡했고, 1788년 5월 7일 비엔나에서의 <돈 조반니> 초연에는 알로이시아가 '돈나 안나'의 역

할을 맡는다. 또한 모차르트는 <후궁으로부터의 도피>의 주인공인 '콘스탄체 역시 알로이시아를 위한 배역이었다.

여기서 잠깐 짚고 넘어 갈 점은 알로이시아와 모차르트의 아내 콘스탄체의 맏언니 요제파 역시도 1791년 <마술피리>의 초연에서 '밤의 여왕'을 맡을 정도로 뛰어난 콜로라투라 소프라노였다는 사실이다. 결국 세 자매가 뛰어난 소프라노들이었다.

어쨌든 모차르트는 알로이시아를 데리고 이탈리아로 가서 그곳에서 교육을 시켜 데뷔시킬 계획을 세웠다. 하지만 이런 계획은 모차르트의 아버지 레오폴트에게 철저히 거부되어 그는 파리로 떠나게 된다. 그렇게 모차르트는 만하임을 떠나게 되었고, 떠나기 전에 이별 콘서트를 가졌는데 그때 알로이시아는 모차르트의 <3대의 피아노를 위한 협주곡(K242)>의 제2 피아노를 연주함과 동시에 모차르트가 그녀를 위해 쓴 <어디서 왔는지 모른다네(K249)>의 아리아를 직접 불렀다.

이러한 그녀의 음악적 재능으로 미뤄보아 모차르트가 충분히 반할만 하다. 그 당시 알로이시아는 자신이 짠 장갑을 모차르트에게 선물했는데 모차르트는 그때의 심경을 다음과 같이 쓰고 있다.

"내가 떠날 때는 모두 울고 있었습니다. 나도 그때를 떠올리면 눈시울이 뜨거워집니다."

모차르트는 파리에서 반년 정도 있었지만, 결과적으로는 어머니를 여의고 직업도 없이 실의에 빠져 잘츠부르크로 돌아온다. 당시 모차르트의 단 하나의 기쁨은 만하임에서 뮌헨으로 옮긴 베버가의 알로이시아를 만날 수 있다는 기대감이었다. 그러나 그녀의 집에 도착했을 때 기다리고 있었던 것은 쌀쌀맞은 그녀뿐이었다. 모차르트는 태어나서 처음으로 참담한 심정으로 아버지에게 편지를 쓴다.

"오늘은 우는 일 외에는 아무 것도 할 수 없습니다. 마음이 눈물로 가득 차 있습니다. 아무것도 쓸 수 없고, 제 마음은 너무 슬퍼서 그저 눈물만 흘릴 따름입니다."

자신의 유일한 위안이며 의지라고 생각했던 여인에게 품었던 희망이 헛된 환상에 지나지 않았다는 걸 깨달았을 때의 비통함이다. 그리고 알려진 바와는 달리 모차르트의 일방적인 사랑만은 아니다. 여러 정황상 알로이시아도 모차르트를 싫어하진 않았다. 오히려 그를 이용했다.

이 둘의 관계는 보다 현실적인 다른 관점에서 바라볼 필요가 있다. 왜 그녀는 겨우 반년 사이에 마음이 변한 것일까? 예나 지금이나 변함없는 연애와 결혼은 서로 일치 시켜서는 안되는 돈에 얽힌 알로이시아와 어머니의 음모가 있다.

당시 노래 부르는 여성이나 발레를 하는 여인은 귀족의 지원을 얻어 출세 기회를 잡는 것이 보통이었다. 알로이시아에게도 이런 일이 있었고, 당연히 결혼을 앞둔 처자處子의 집안에서 모차르트 같이 여러 가지로 별 볼일 없는 음악가가 눈에 찰 리는 없었다.

모차르트를 걷어찬 알로이시아는 하디크 백작이라는 지원자를 얻어 빈 궁정가수로 출세했다. 그녀의 수입을 믿고 어머니는 딸 네 명을 데리고 빈으로 이주해 왔다. 궁정가수 알로이시아는 '랑게(Joseph Lange, 1751~1831)'라는 궁정배우로부터 청혼을 받는데, 그의 전처는 프리마돈나였다. 그녀가 죽은 후 그는 알로이시아에게 청혼을 했던 것이다.

이때 알로이시아의 어머니 베버 부인은 남자에게 아주 구체적인 조건을 제시한다. "알로이시아가 한 집안을 이끌어왔기 때문에 이 요구를 들어주지 않으면 보낼 수 없다."는 협박에 가까운 내용인데 그 조건은 다음과 같다.

①죽은 남편(알로이시아의 아버지)의 빛 900굴덴(또는 플로린)을 랑게가 대신 갚는다.

②랑게는 베버 부인(장모)에게 종신 연금 700굴덴을 지불한다.(참고로 알로이시아 아버지 연봉이 600굴덴이었다고 한다.)

③랑게 또는 알로이시아가 급료를 받는 동안 매년 600굴덴을 부인에게 지불한다.

일단 알로이시아와 랑게와 결혼하면 베버 부인은 죽은 남편의 빛도 갚고 매년 1,300굴덴이 그저 굴러들어오게 된다. 후에 빈 궁정 작곡가가 된 모차르트의 연봉이 800굴덴(당시 고위 공무원 연봉인 400~500굴덴보다 많은 액수)이었던 것을 생각하면, 해도 해도 너무한 금액이라는 사실을 알 수 있다. 그럼에도 불구하고 랑게가 사랑에 눈이 멀었던 탓인지, 1780년 10월 31일 랑게는 알로이시아와 결혼을 한다.

요셉 랑게는 부르크테아터(궁정극장)의 배우 겸 아마추어 화가였다. 그는 후에 모차르트와 가장 닮았다고 추정되는 모차르트의 미완성 초상화와 오늘날 남아 있는 콘스탄체의 유일한 모습을 그린 인물이기도 하다.

네 딸 중 잘나가는 한 명을 출가시킨 엄마는 이제 남은 세 딸을 시집보내기 위해 집을 개조하여 하숙집을 만들었다. 알로이시아의 남편으로부터 거저 받는 돈맛에 중독됐으니 무슨 짓을 못하랴. 이제부터 본격적으로 독신남獨身男을 불러들여 딸들과 엮는 것만 남았다.

여기에 처음으로 걸려든 사람이 이미 알로이시아와의 관계로 이 집안과 인연이 있는 모차르트다. 당시 25세의 모차르트는 세상 물정을 너무 몰랐다. 그는 쾌활하고 짓궂은 농담을 즐기는 바보같을 정도로 순진한 사나이였다. 알로이시아가 결혼한 후에 모차르트는 베버가의 셋째 딸 콘스탄체(당시 19살)와 지분거리며 지낼 만큼 사이가 좋아졌다. 그리고 두 사람 사이는 즉시 소문이 났다.

이 소식을 잘츠부르크에서 들은 아버지 레오폴트는 너무 걱정이 됐고, 자식이 베버 부인의 그물에 걸려들었다는 사실을 곧 눈치 챘다. 레오폴트는 편지를 써서 한시라도 빨리 그 하숙집에서 나오라고 다그쳤다.

부친의 잔소리에 하는 수 없이 알로이시아의 어머니가 경영하는 하숙집에서 다른 하숙집으로 옮기기는 했지만, 이미 부친의 말을 들을 나이가 지난 모차르트는 변함없이 그녀의 집을 출입했다. 그러던 어느 날 콘스탄체의 후견인이라는 사람이 모차르트 앞에 나타나서 이렇게 말했다.

"당신과 콘스탄체 사이는 이미 빈에 다 알려져 버렸다. 이대로 네가 도망친다면 그녀는 평생 동안 상처를 입을 것이다. 너도 신사라면 이 계약서에 서명해라. 싫다면 어떻게 되는지 알겠지?"

그 계약서에는 이렇게 쓰여 있었다.

"나 볼프강 모차르트는 앞으로 3년 이내에 콘스탄체 베버 양을 아내로 맞이할 것을 맹세합니다. 만일 내가 마음이 바뀌어서 결혼하지 않을 경우에는 베버 양에게 매년 300굴덴을 지불하겠습니다.”

자신의 이상향 ‘알로이시아’를 잃고 그 충격으로 관심도 없던 그녀의 동생에게 불장난하듯 지분거렸을 뿐인데, 미래의 장모가 친 그물에 제대로 걸려들었던 것이다.

알로이시아와 콘스탄체의 어머니는 알코올 중독으로 낮부터 헤롱거리는 여자였지만, 머리만큼은 비상하여 둘째 딸 알로이시아보다 조금은 부족해 보이는 셋째 딸 콘스탄체를 모차르트에게 넘겨버린 것이다.

모차르트의 아버지 레오폴트는 당연히 화가 나서 “베버 부인과 후견인이라는 남자에게 수갑을 채워서 머리에 ‘젊은이를 속인 죄인’이라고 쓴 모자를 씌우고 도로 청소를 시켜라.”라고 편지를 썼지만 소용없는 일이었다. 이것이 불가능한 이유는 이 후견인인 토르바르트라는 남자가 당시 궁정극장 총감독 오르시니(로젠버그 백작)의 오른팔이었기 때문이다. 이게 받아들여지면 자신의 금쪽같은 아들 모차르트가 오페라를 쓸 기회는 없어지고 만다. 그리고 오늘날 우리 또한 모차르트를 만날 수 있었을까?

이 무서운 음모陰謀로 인해 모차르트는 이상형 알로이시아 대신, 육체적으로 충분히 지분거리며 희롱할 수 있는 콘스탄체를 본의 아니게 아내로 맞이하게 됐던 것이다.

그런데 세월이 한 참이 지난 후 알로이시아가 모차르트에게 보인 반응이 희한하다. 알로이시아와 랑게의 결혼은 시작부터 불행을 예고했다. 전기 작가에 따르면 그녀가 67세 때 별거중인 남편이 돈을 충분히 보내주지 않아 늙은 나이에도 성악 레슨을 하고 있다고 푸념했다고 한다. 아이러니하게도 한때 빈 궁정의 프리마돈나였던 알로이시아의 명성은 모차르트의 죽음과 더불어 급속히 퇴색했다.

알로이시아는 79세까지 살았고(1839년 사망) 말년에 이르러 자신이 한때 무모하게 차버린 모차르트의 사랑을 그리워했으며, 그에 대한 회한과 아쉬움의 정을 떨쳐 버리지 못했다. 그녀는 모차르트가 자신의 동생과 결혼생활을 하면서도 평생 자기를 사랑했다고 믿었고 또 실제로 그렇게 주장하기도 했다. 아마도 그녀는 그렇게 믿을 필요가 있었는지도 모른다. 그러한 믿음이 말년에 불우해진 자신의 삶을 비춰주는 한 줄기의 빛이 되어 주었을 테니까.

그러나 그녀의 믿음 또는 주장과는 달리 모차르트는 그녀와의 실연 후 그녀를 빨리 잊었다. 모차르트는 인간관계에서 단념이 빨랐으며, 오래도록 실망하는 성격의 소유자가 아니었다. 모차르트는 알로이시아와 헤어진 후 아버지 레오폴트에게 보낸 편지에서 그녀를 가리켜 다음과 같이 묘사한다.

"어리석고 심술궂은 사람, …바람둥이."

물론 이 표현은 자신이 퇴짜 맞은 것에 대한 원한과 그녀의 동생 콘스탄체와 결혼할 계획이었으므로 의도적으로 언니를 비난한 것이라 여겨지지만, 모차르트가 그녀를 오래도록 그리워하지 않았음을 시사한다.

어쨌든 알로이시아에게 상처받은 모차르트는 1782년 8월 4일, 드디어 콘스탄체와 결혼하기에 이른다. 그러나 콘스탄체와 결혼한 후에도 모차르트가 워낙 한 여성에게만 성실하지는 못했기 때문에 오직 아내에게만 충실했다고 말하기는 어렵다. 결혼한 지 불과 4년 후, 모차르트는 매혹적인 소프라노 안나 셀리나(낸시)에게 빠진다.

<※알로이시아에 대한 기록은 덴마크의 배우 겸 음악가인 요아킴 프라이슬러Joachim Preisler의 일기와, 모차르트와 알로이시아의 사랑을 다룬 소설은 줄리엣 월드론Juliet Waldron이 쓴 『Mozart's Wife(모차르트의 와이프, 2000)』와 스테파니 코웰Stephanie Cowell이 쓴 『Marrying Mozart(모차르트 결혼 작전, 2004)』에서 살펴 볼 수 있다.>

에로틱한 상상과 분출되지 못한 욕구의 여인 낸시

'콘스탄체(Constanze Mozart, 1762~1842)'와 결혼 후 '알로이시아(Maria Aloysia Louise Antonia Weber, 1760~1839)'에게 느꼈던 불같은 감정은 사그라졌지만, 여전히 그녀와 모차르트는 직업적인(음악적인) 관계로 남아 있게 된다. 그 와중에도 모차르트는 당대의 가장 유명했던 매혹적인 젊은 가수와 스캔들을 기록했는데, 그녀가 바로 18세기 오페라 가수 중 가장 뛰어났던 '낸시 스토라체(Nancy Storace, 1765~1817)'다.

안나 셀리나 스토라체Anna Selina Storace라고도 불리는 낸시 스토라체는 요즘으로 치면 유명한 할리우드 스타 급 이였다. 그녀는 1773년, 8세 때 영국 남부 햄프셔의 항구 도시인 사우샘프턴Southampton에서 공개적으로 노래할 정도로 이미 신동이자 아이돌

스타였다. 그 다음해에는 그녀의 아버지가 더블 베이스주자로 있는 런던의 헤이마켓 극장Hay-market Theatre에서 첫 데뷔 무대를 갖는다.

그녀는 당대의 뛰어난 카스트라토이자 작곡가였던 베난지오 라우찌니(Venanzio Rauzzini, 1746~1810)의 제자였고, 1776년 그녀가 11살 때 라우찌니가 작곡하고 주연한 코믹 오페라 <L'ali d'amore>에서 배역을 맡아 출연했다. 1777년에는 코벤트 가든에서 연주된 오라토리오에서 노래를 했을 정도다. 참고로 모차르트는 라우찌니를 위해 유명한 <Exsultate, Jubilatek, K165, 기뻐하라, 환호하라>를 작곡(1773년)했다.

1778년, 그녀는 작곡가인 오빠 스티븐 스토라체(당시 오빠도 성공한 오페라 작곡가였다.)와 함께 런던을 떠나 오페라가 흥행에 성공하고 있던 이탈리아 나폴리로 건너가 여러 편의 오페라에서 주역을 맡았다.

그때나 지금이나 어린 신동에 대해 지나치게 요란스런 갈채를 보낸 나폴리 극장의 관객들을 쉽게 생각할 수 있다. 물론 당시 나폴리 오페라 가수들의 질투는 감당해야 할 몫이었다. 어린 스토라체는 이처럼 외롭게 성장해 나간다.

1784년에는 빈 황제 요셉 2세가 나폴리를 여행하면서 그녀의 공연을 보고 그가 특별히 이탈리아 오페라 부파 공연을 위해 새로 설립한 오페라 극장의 프리마돈나로 그녀를 전격적으로 스카우트한다. 이를 계기로 빈 시절의 어린 스토라체는 약 20편의 오페라 주역을 맡으며 그녀의 이름을 역사의 한 페이지에 남기게 되는 전환점을 맞이한다.

이때 그녀의 나이 고작 17세였다. 어린 나이에 황제의 총애와 대중의 사랑을 한 몸에 받는 스타 중의 스타였던 것이다.

빈에서 활동할 당시 스토라체는 하이든의 오라토리오 <Il ritorno di Tobia(1775),토비아의 귀환>에서 노래했고, 당시 하이든도 이런 그녀의 재능을 아껴 그녀의 오빠 스티븐 스토라체와 함께 종종 챔버 뮤직을 연주하곤 하였다. 특히 하이든은 그녀를 위해 칸타타 <for the voice of my dear Storace>를 작곡하기도 하였다.

그러나 무엇보다 오늘날 스토라체를 유명하게 만든 것은 그녀와 모차르트의 음악적 관계다. 물론 당시는 모차르트보다 스토라체가 유명했지만, 지금은 스토라체라는 이름만으로는 그녀를 기억하는 사람조차 없지 않은가?

낸시 스토라체가 모차르트와 연을 맺게 된 작품인 오페라 <피가로의 결혼>이 발표되기 1년 전인 1785년, 그녀의 오빠 스티븐 스토라체의 오페라 <Gli sposi malcontenti(불행한 부부)>에 출연하면서 스토라체는 치명적인 성대 결함이 왔었다.

물론 그로부터 5개월 후 회복이 되었다고는 하나, 아주 어린 시절에 데뷔했고 무리한 연주스케줄을 고려해 보면, 그녀의 성대가 오래지 않아 또 다시 심각한 수준으로 상할 것이라는 사실은 쉽게 짐작할 수 있었다. 더구나 여기에는 그녀의 불행한 결혼생활도 한 몫 했다는 사실 역시 간과할 수 없는 요소다.

19세의 그녀는 한창 전성기 때인 1784년 빈에 스카우트되자마자 주변의 만류에도 불구하고 40세의 영국 출신 바이올린 주자이며 작곡가인 피셔John Abraham Fisher와 결혼했는데, 사디스트Sadist였던 그는 스토라체를 육체적,·정신적으로 몹시 학대하여 그녀를 나락으로 떨어뜨린 장본인이다. 결국 이 사실이 황제에게까지 알려져 그는 빈에서 추방당한다.

급격한 성대의 손상과 불행한 결혼생활, 임신한 아이마저 출산한 후 한 달 만에 세상을 떠난 비참한 상태의 여인을 생각해 보라. 당시 그녀는 겨우 20세의 나이였다.

이런 스토라체를 두고 모차르트를 비롯한 당시 빈에서 가장 유명한 작곡가 3인방이 그녀의 회복을 위해 공동으로 작업을 한다. 그 중의 한 명이 바로 '살리에리(Antonio Salieri, 1750~1825)'다. 살리에리는 당시 모차르트보다 여러 면에서 한 수 위의 작곡가였다. 3인방 중 나머지 한 명은 지금은 알려지지 않은 코르네티Cornetti다. 이런 상황에서 모차르트는 스토라체에게 음악적으로나, 인간적으로나 급격히 반하게 된다. 모차르트와 알로이시아의 관계에서도 언급했지만, 모차르트는 유독 음악적으로 뛰어난 여자에게 관심이 많았던 것이다.

1786년 그녀는 모차르트의 오페라 <피가로의 결혼>에서 주인공 '수잔나' 역을 맡게 되며 모차르트와 연을 맺는다. 알려진 바와 같이 <피가로의 결혼>은 유명한 작가 '다 폰테(Lorenzo Da Ponte, 1749~1838)'가 '보마르셰(Pierre-Augustin Caron de Beaumarchais Beaumarchais, 1732~1799)'의 원작에 바탕을 두고 대본을 쓰기는 했지만, 수잔나의 특징을 살린 상당 부분은 모차르트가 스토라체의 개성에 바탕을 두고 이루어진 것이라 할 수 있다. 성대가 상한 스토라체의 컨디션을 감안해서 <피가로의 결혼>을 빈에서 초연할 당시 모차르트는 '수잔나'의 음역을 낮춰서 연주하도록 배려하기도 했다.

모차르트의 오페라 <후궁으로부터의 도피>의 첫 '콘스탄체(배역 이름)'였던 유명한 마담 카발리에리가 살리에리의 정부였듯이, 대부분의 유명한 작곡가들은 자신의 작품에 출연한 배우들과 직업적인 관계 이상이었다.

여하튼 이처럼 모차르트와 여러 교감을 나눈 이후 스토라체는 모차르트와 자주 어울리게 된다. 그러다 함께 집에 드나드는 장면이 목격되었고, 곧 스캔들의 중심에 서게 된다. 하지만 늘 오빠 스티븐이나 그녀의 어머니와 함께 목격되었으니, 아무리 파파라치라 하더라도 대중들의 구미에 맞게 조작해서 소문을 내기는 무리가 있었고 당시나 지금이나 그저 루머 정도로만 남아있는 모차르트의 여인이 바로 스토라체다.

오늘날과 달리 당시의 스타는 모차르트가 아닌 스토라체였다는 점이 둘의 관계를 더 흥미롭게 만든다. 유명한 스타와 가깝게 지내는 사이가 됐는데, 모차르트가 본능적으로 사랑에 빠지지 않고 가정에 충실하기를 바라는 게 무리일 수도 있을 것이다.

사실 모차르트와 스토라체의 연인 관계는 각자의 상상에 맡기는 것이 남아 있지도 않은 팩트에 의존하는 것보다 더 합리적일 성싶다. 왜냐하면 편지 쓰기를 좋아했던 모차르트가 스토라체에게 보낸 실제 편지들은 스토라체가 조심성 있게 없애 버렸기 때문이다. 그녀는 음악적 재능만 뛰어난 게 아니라 현명하기까지 했다.

다만 분명한 것은 모차르트가 1778년 알로이시아를 위한 아리아

<어디서 왔는지 모른다네(K.249)>를 작곡했던 것처럼, 1786년 12월 26일 스토라체가 런던으로 돌아갈 때 그녀만을 위한 연주용 아리아 <Ch'io mi scordi di te…Non termer, amoto bene(어떻게 당신을 잊을 수 있나요…걱정말아요, 그대여) K.505>를 작곡한다.

더구나 이 곡에는 특별히 "스토라체와 나를 위하여"라고 기입해 두고 있다. 여기서 '나를 위하여'란 뜻은 오케스트라의 반주를 피아노의 '오블리가토'에 의해 보완하게 되어 있는데, 이는 자신이 직접 피아노 연주를 할 계획이었기 때문이다. 실제 1787년 2월 이 작품의 초연에서 모차르트는 직접 피아노를 연주하였다.

이 아리아는 음악으로 된 러브레터다. 여담으로 실제 작곡가나 연주자들이 얼마나 많이 음악으로 사랑 고백告白을 하는지 일반인들이 안다면 놀랄 것이다. 특히 음악가랑 결혼해서 살고 있는 사람들이라면 말이다. 그냥 모든 테마의 주인공이 '나'이겠거니 생각하고 사는 게 여러 모로 좋다.

어쨌든 모차르트는 사랑하는 사람이 떠나면 늘 그랬듯이 스토라체와의 관계에서도 그녀가 빈을 떠날 때, 아이들을 아버지에게 맡기고 스토라체를 따라 영국으로 갈 생각까지 했으나 아버지의 반대로 실현하지는 못한다.

그런데 특이한 점은 혼자만 가려고 했던 것이 아니라 아내 콘스탄체를 데리고 함께 갈 생각이었다는 것이다. 왜일까? 그 점이 자못 궁금하다.

연구가들이 모차르트의 성적 측면을 다룰 때, 알로이시아와 스토라체는 정신적인 관계로 그리는 반면 그의 아내 콘스탄체는 육체적인 관계로 묘사하곤 한다. 참 양극적이다. 분명한 건 알로이시아와 낸시 스토라체의 경우 이룰 수 없었던 그의 에로틱한 욕구를 예술성으로 승화시켜 표현했고, 실제로도 지나치게 이상화시켰다는 것이다.

알로이시아와 스토라체의 관계에서 모차르트는 당혹스러울 정도로 순종과 찬미를 보내는 반면, 그의 아내에게는 달랐다. 콘스탄체 자신은 어떻게 생각할지 모르지만, 모차르트는 그의 아내를 실제 성적인 대상으로서는 물론 언제든 그 욕구를 분출할 수 있는 여인으로 사랑했던 것으로 보인다. 이는 모차르트가 결혼할 당시인 1781년 12월 15일 아버지에게 보낸 다음과 같은 편지의 내용에서 엿볼 수 있다.

"자연의 목소리는 다른 사람에게서와 마찬가지로(아니 오히려 저 건장하고 많은 촌놈들보다도 훨씬 크게), 제 속에서 울리고 있습니다. 저는 오늘날의 대부분의 젊은이들처럼 살 수는 없을 것 같아요. 첫째로 저는 지나치게 종교적인 성향이고, 둘째로 저는 지나치게 깊은 사랑을 품고 있는 데다 순진한 처녀를 유혹하기엔 너무 정직한 마음을 지녔거든요. 셋째로 저는 제 건강에 너무 많은 신경을 쓴답니다. 제 기질로 봐서 아무 것도 생각할 수 없군요. 아무래도 저는 흥청거리고 즐기는 것보다 조용한 가정에 더 어울리는 모양이에요. 총각으로 사는 건 저 로서는 단지 반쪽 인생에 지나지 않는다고 생각해요."

이렇게 모차르트는 그의 반쪽 인생은 아내 콘스탄체와, 그리고 또 다른 반쪽은 늘 채워지지 않는 여인들에게로 열려 있었다. 마지막으로 언급 할 여인은 성적 매력으로 충만했던 사촌 여동생 '마리아 안나 테클라(일명 베즐레)'다.

모차르트가 사랑했던 사촌 여동생 베즐레

사촌을 사랑했다고 해서 놀랄 건 없다. 당시에는 남매간에도 결혼이 허락되던 때였다는 것을 감안하면 이해 못할 것도 없기 때문이다.

그간 써왔던 모차르트와 여인들의 이야기를 일단락하며 밝히고 싶은 사실은 이 이야기들이 단순히 모차르트의 여성 편력이나 성적인 취향을 다루는 가십거리로 치부되지 않았으면 한다는 것이다. 음악사상 가장 뛰어난 천재로 미화된 모차르트의 음악에 실제로 깊은 영감을 주었던 여인들과의 관계를 통해, 음악가들의 원천적인 창작욕의 샘은 결국 진부하지만 결코 잡히지 않는 '사랑'이라고 하는 담론談論을 끄집어내기 위함이었다.

모차르트는 서로 이질적인 여인들을 동시에 사랑한, 그의 음악만큼이나 특별한 성향의 소유자다. 하지만 18세기 유럽의 상황에 비춰본다면 모차르트의 성적 취향은 그리 대단한 것도 아니다. 출판업자였던 모차르트 삼촌의 딸인 사촌 여동생 마리아 안나 테클라 모차르트(Maria Anna Thekla Mozart, 1758~1841, 일명 베즐레)와의 관계는 지금 우리 정서에는 맞지 않지만 그 당시에는 허용되었던 단순한 남매 이상의 관계였다.

모차르트는 그의 나이 21세(1777년)에 아우스부르크에서 베즐레를 처음 만난다. 모차르트 보다 두 살 아래인 그녀는 밝은 성격의 말괄량이였으며, 무척 매력적이었다. 모차르트의 아버지 레오폴트도 베즐레를 칭찬하며 모차르트에게 친하게 지내라고 권할 정도였다. 다만 그녀가 당시에 조금 문란하게 지내는 것을 못마땅하게 여겼는데, 실제로 상당히 자유분방한 베즐레는 후에 목사의 아이로 추정되는 사생아를 낳기도 했다.

19세기 이후의 많은 전기傳記 작가들은 의도적으로 모차르트와 베즐레와의 관계를 모호하게 만들었고, 단순히 지분거리는teasing 정도로 묘사했지만, 이 둘은 실제 연인관계였다. 1778년 뮌헨에서 모차르트는 알로이시아에게 사랑을 거절당한 후 베즐레를 통해 위로를 받는다. 실제로 그녀는 실연당한 모차르트를 위해 뮌헨에서 잘츠부르크까지 동행하며 그가 가장 힘들어 하는 순간에 그에게 그녀 자신이 줄 수 있는 모든 것(?)을 다 주었다.

이후 베즐레는 우체국장의 부인으로 살다 1841년 1월 25일 바이로트에서 생을 마감한다.

모차르트와 베즐레의 관계에서 중요한 것은 모차르트의 여성편력이나 성적인 취향이 아니라, 그 어떤 여인도 줄 수 없었던 특별한 영감을 모차르트에게 주었다는 사실을 간과하면 안 된다는 것이다. 후대에 모차르트와 베즐레 사이의 편지에서 보이는 다소 노골적인 표현들을 소위 분변음욕증(糞便淫慾症, scatology)이라 하여 모차르트를 마치 변태마냥 묘사하는 경우도 있는데, 이런 표현scatological texts은 루터, 괴테, 하이네 등과 같은 독일어 문학 등에서는 흔히 발견할 수 있다. 즉 친밀한 사이에서 주고받는 농담이었다고 보면 타당할 듯하다.

작곡가이며 성악가였던 모차르트의 친구 야크빈(Gottfried von Jacquin,1767~1792)은 모차르트의 창작의 원천은 그의 끊임없는 사랑이라고 얘기한다.

"숭고한 지성도 상상도 아니다. 상상과 지성, 이 둘이 앙상블을 이룬다 해도 천재를 만들지는 못한다. 사랑! 사랑! 사랑! 이것이 천재의 영혼을 만든다. (Le vrai génie sans coeur est un non-sens. Car ni intelligence élevée, ni imagination, ni toutes deux ensemble ne font le génie. Amour ! Amour ! Amour ! Voilà l'âme du génie.)"

음악이 평화를 가져온다는 것은 환상일 뿐이다.

음악은 평화와 고통이 결코 어울릴 수 없는 대립상태의 표현이며, 음악가는 그 사이에서 결코 잡히지 않는 사랑을 잡으려는 신의 희생양이다. 어쩌면 신이 인간 세계에 놔둔 덫이 바로 사랑일 수도 있다. 늘 그 덫에 먼저 걸려 드는 게 음악가 아니던가?

◆

오페라 <피가로의 결혼>

피가로의 결혼 Le Nozze Di Figaro

모차르트가 1786년에 작곡하여 같은 해 초연한 오페라. 원작은 피에르 오귀스탱 보마르셰의 희곡 <미친 날 La folle journée> 또는 <피가로의 결혼 Le mariage de Figaro>이며, 로렌초 다 폰테가 대본을 썼다. 18세기 이탈리아 코믹 오페라 양식의 대표적인 작품인 <피가로의 결혼>은 1786년 5월 1일 빈 부르크 극장에서 초연初演을 한다.

주요 배역은 알마비바 백작, 백작 부인(로시나), 수산나(백작 부인의 하녀), 피가로(백작의 하인이자 이발사), 케루비노(백작 부인의 사환), 바르톨로(세비야의 의사), 마르첼리나(백작 저택의 가정부), 돈 바실리오(음악 교사), 돈 쿠르치오(공증인), 안토니오(정원사이자 수산나의 삼촌), 바르바리나(안토니오의 딸) 등.

잘츠부르크에서 일자리를 잃고 방황하다 빈에 자리 잡은 모차르트가 대본작가 로렌초 다 폰테(Lorenzo Da Ponte, 1749~1838)를 만난 것은 엄청난 행운이었다. "오페라의 성공은 무엇보다도 대본에 달려 있다."고

호언했던 다 폰테의 탁월한 언어감각과 '본능에 가까운' 흥행 감각이 없었더라면 음악이 아무리 천재적이라 해도 그만한 성공을 거두지는 못했으리라는 사실을 모차르트 자신도 알고 있었으니까. 모차르트 최고의 걸작 오페라로 꼽히는 <피가로의 결혼>, <돈 조반니>, <코지 판 투테(여자는 다 그래)> 세 편의 대본은 모두 다 폰테의 손끝에서 나왔다.

모차르트가 빈에서 아직 충분한 권위를 인정받지 못하고 있을 때, 다 폰테는 이미 살리에리 같은 최고 궁정 음악가의 오페라 대본을 쓰는 명사였다. 그럼에도 젊은 시절에 칸트, 루소, 볼테르 등의 영향을 받아 뚜렷한 계몽주의 성향을 지녔던 다 폰테는 모차르트와 쉽게 의기투합할 수 있었다.

1782년 작곡가 파이지엘로가 발표한 <세비야의 이발사>(※파이지엘로의 작품보다 훨씬 유명한 로시니의 <세비야의 이발사(1816)>는 훗날의 리메이크 작품)가 장기 흥행에 성공하자 모차르트는 '이발사' 원작자인 보마르셰의 속편 <피가로의 결혼 Le nozze di Figaro>을 오페라로 만들자고 다 폰테를 설득한다.

사실 이 작품이 연극으로 파리에서 초연될 무렵 당시 루이 16세는 불같이 화를 내며 상연을 전면 금지시켰다. "참을 수 없이 끔찍한 작품이군. 절대로 상연하면 안 돼!" 국왕뿐만 아니라 귀족들 대부분이 치를 떨며 분개했던 작품인데, 가장 큰 이유는 기존의 신분제도에 정면으로 도전하는 이 작품의 정치성 때문이었다. 결국 보마르셰의 이 문학적 저항은 몇 년 후 프랑스 대혁명으로 현실화된다.

<피가로의 결혼>은 이중의 장치를 지닌 작품이다. 외피外皮만 보자면 TV연속극과 비슷한 '부부싸움의 오페라'라고 할 수 있다. 전편 <세비야의 이발사>에서 그처럼 난리법석을 떨며 갖은 난관을 뚫고 결혼에 성공했던 알마비바 백작과 로지나 커플이 그 속편인 <피가로의 결혼>에서는 마주치기만 하면 서로에게 눈썹을 치뜨는 전투적인 부부로 등장한다. 이들과 대조를 이루는 커플은 결혼을 앞둔 피가로(전편에서는 이

발사, 속편에서는 백작의 하인. 백작의 결혼을 성사시킨 공로로 하인이 되었다.)와 백작부인의 하녀 수잔나다. 바람둥이 행각으로 아내 로지나를 수없이 좌절시켜온 백작은 이제 수잔나에게까지 흑심을 품는데, 이런 사실을 알게 된 피가로는 수잔나 및 백작부인과 연대해 희극적인 계략을 써서 백작을 무릎 꿇게 만들고, 백작부인은 사과를 받아들여 남편을 용서한다는 줄거리다.

그러나 <피가로의 결혼>은 부부 관계나 남녀 관계의 줄다리기를 보여주는 통속극으로 끝나지 않는다. 처음부터 끝까지 서로 속고 속이는 '거짓말 릴레이' 안에 시퍼렇게 날이 선 계급의식이 숨어있으며, 작품의 외피를 타고 흐르는 '성적性的 긴장'은 그 내면에서 뿜어져 나오는 '정치적 긴장'과 결국 하나로 연결된다. 보마르셰의 원작의 연극 제5막에서 백작을 겨냥한 피가로의 독백은 신분사회의 뿌리를 뒤흔드는 새로운 시민계급의 분노를 집약하고 있다.

"백작, 당신은 절대로 수잔나를 얻을 수 없어! 귀족의 신분, 부富, 높은 지위, 품위… 그런 것들을 다 지녔다고 우쭐대지만, 그처럼 다양한 특권을 얻기 위해 당신이 스스로 한 일이 대체 뭐가 있지? 세상에 태어나는 수고 말고는 아무 것도 한 일이 없잖아!"

이 전복적인 발언에 왕실과 귀족들은 놀라서 경기를 일으켰다. 오스트리아에서도 보마르셰의 <피가로의 결혼>은 상연이 금지된 작품이었기 때문에 대본작가 다 폰테는 검열을 피하기 위해 이 5막의 독백을 애초부터 빼버렸다.

그러나 이미 1막에서 유명한 아리아 <나비는 이제 날지 못하리 Non piu andrai>를 부르는 피가로가 표면상으로는 백작의 방자한 시동侍童 케루비노를 조롱하지만, 실제로는 백작을 비롯한 귀족계급 전체에 날카로운 분노의 화살을 겨누고 있다.

백작부인인 로지나 역시 원래 귀족이 아닌 시민계급 출신이기 때문에, 오페라의 4막 '정원의 밀회' 장면에서 백작부인이 하녀 수잔나와 옷

케루비노의 반전

모차르트의 <피가로의 결혼>에서 대부분 오페라를 이끌어 가는
인물이 '피가로'와 '수잔나'로 생각하기가 쉽다. 하지만 반전의 캐릭
터가 있다. 바로 '케루비노'다.

성性에 비로소 눈뜨기 시작한 케루비노는 자나 깨나 여자 생각으
로 가득 차 있는데, 이는 신체적으로는 자연스럽지만 정신적으로는
불안정한 13세 사춘기 소년의 앰비밸런스(**ambivalence**; 반대 감정
병존,모순)한 상태의 전형이다.

모차르트는 케루비노를 통해 자신의 성적 정체성과 당시 프랑스
혁명 직전의 격동하는 사회를 동시에 상징했다. 들끓는 사회 속에서
사람들이 품고 있는 불안이 질풍노도와 같은 케루비노의 중성적인
특성과 맞물려 있다. 또한 케루비노를 통해 어제까지 당연시됐던 가
치가 오늘은 휴지조각이 되어가던 현실을 반영한다.

자, 이쯤 되면 케루비노가 누구인지 궁금하지 않은가?

얼핏 보면 '시동**page**'이라는 포지션 때문에 하인으로 착각하기가

쉽지만, 이 소년은 결코 피가로나 수잔나와 같은 하인 신분이 아니라 엄연한 귀족이다. 당시 '시동'이란 귀족 부모가 자신들보다 신분이 높거나 세력이 강한 집안에 자식을 제자처럼 보내는 것을 말한다. 그러니 케루비노는 '알마비바 백작'의 제자인 셈이다.

그런데 이 맹랑한 소년이 자신(알마비바 백작)에게서 배울 건 안 배우고 여자를 유혹하는 고급기술(?)만 습득하며 심지어 자신의 아내('로지나')에게 껄떡대고 있으니 기가 막힐 노릇이 아니던가? 하여 백작은 이 잠재적 라이벌을 빨리 군대로 쫓아버리는 것이다.

그런데 잠시 살펴보면 이상한 점이 있다. 케루비노가 아무리 귀족 신분이라 해도 백작부인한테 어찌 감히 연정을 품을 수 있었을까? 보마르쉐의 원작 희곡 1편을 보던가, 그 1편을 대본으로 한 '로시니(Gioacchino Antonio Rossini, 1792~1868)'의 <세비야의 이발사>를 보면 아시겠지만, 지금 백작부인으로 신분 상승한 로지나는 결혼 전엔 평민의 딸이었다. 그래서 케루비노는 그녀를 쉽게 생각한다.

그리고 또 한 가지 궁금한 점이 있다. 케루비노는 분명 남자인데 소프라노나 메조소프라노들이 노래한다는 점이다. 이때 여자 배우들이 바지를 입고 나온다. 이를 'trouser role(바지를 입는 역)'이라 하는데 이 역할이 등장한 데는 크게 두 가지 이유가 있다.

첫째는 역사적인 이유다. 바로크 시대까지만 하더라도 뛰어난 기교로 시대를 풍미하던 거세가수인 '카스트라토castrato'를 기억하실 것이다. 영화로 유명한 '파리넬리(Farinelli, 1705~1782)'를 떠올리면 된다. 헨델을 비롯한 바로크 시대 오페라 작곡가들을 그렇게도 괴롭히던 스타 가수 카스트라토가 고전주의 시대에는 사실적이지도 않고

극의 흐름을 방해하는 등의 이유로 점차 쇠퇴하게 된다. 그래도 인기 있는 예전 오페라를 공연해야 했기 때문에 카스트라토를 대신해 여성 성악가들이 바지를 입고 마치 남자처럼 무대에 등장했던 것이다.

둘째는 사회적인 이유다. 17세기에 등장한 소위 계몽주의의 영향으로 청중들의 욕구에 맞춰 다양한 캐릭터를 창조할 필요가 생긴다. 틀에 박힌 영웅담이나 귀족에 포커스가 맞춰진 이야기가 아니라 평범한 사람들의 일상 이야기에 해학과 풍자가 들어가면 대박을 쳤다. 그것이 바로 '오페라 부파Opera Buffa'다.

오페라 부파를 들여다보면, 다양한 이해관계를 지닌 인물들을 각자 개성 있고 비중 있는 인물로 다뤄진다. 이는 주연과 조연의 경계가 모호해졌다는 것을 의미한다. 보는 시각에 따라 누구든 주연이 될 수 있다. 또 인간관계의 갈등을 해결하고자 하지 않고 극대화시킬 뿐이다. 작위적인 해피엔딩 대신 본능에 충실하게 행동한다. <피가로의 결혼>의 케루비노가 그렇고, <마술피리>의 파파게노가 그런 역할이다.

이처럼 바로크 시대의 평면적인 배역들이 점차로 입체화되고 다양화된다. 이런 입체적 배역이 극에서 좌충우돌하며 끊임없이 유기적으로 상호작용한다. 남성과 여성이라는 이분법적 기준으로는 도저히 소화할 수 없는 역들을 'trouser role'이 맡음으로써 극에 반전反轉을 시도했다. 바지 역할은 표면상으로는 귀공자, 사춘기 소년, 천사, 요정, 신비로운 인물 등이다. 피가로의 결혼에서 만나게 될 '케루비노'를 다른 시선으로 보는 것도 즐거운 일일 성싶다.

<피가로의 결혼> 제대로 이해하기

<피가로의 결혼>을 제대로 이해하기 위한 열쇠는 '케루비노'가 쥐고 있다고 해도 과언이 아니다. 백작과 백작부인이 갈등의 중심에 바로 케루비노가 있기 때문이다. 케루비노를 이해하고 나아가 스토리 전개에 대한 설득력이 약한 2부 <피가로의 결혼>의 대본을 이해하기 위해서 프랑스 작가 '보마르셰(Pierre-Augustin Caron de Beaumarchais Beaumarchais, 1732~1799)' 원작 1부 <세비야의 이발사>, 2부 <피가로의 결혼>, 그리고 3부 <죄 많은 어머니> 전체를 살펴볼 수밖에 없다.

먼저 2부보다 앞선 배경의 1부를 대본으로 택한 '로시니(Gioacchino Antonio Rossini, 1792~1868)'의 <세비야의 이발사>는 모차르트의 <피가로의 결혼>보다 30년 후인 1816년에 발표된다.

물론 지금은 로시니의 <세비야의 이발사>가 단골 레퍼토리로 전 세계 오페라 극장에서 상연되고 있지만, 모차르트 당시는 이탈리아에서 유명세를 날리던 작곡가 '파이지엘로(Giovanni Paisiello, 1740~1816)'가 1782년에 이미 <세비야의 이발사>를 오페라로 만들어 절찬 상연하고 있었다. 파이지엘로를 기준으로 할 경우 모차르트는 대본의 순서대로 작곡한 것이 맞다. 오늘날에는 로시니의 작품이 청중들에게 더 유명하기 때문에 대본을 거슬러 작곡한 것처럼 돼버렸지만 말이다.

사실 로시니에게도 그 작업이 만만치만은 않았다. 이미 팬fan층이 두터웠던 파이지엘로와 똑같은 제목의 작품을 쓴다는 것은 굉장히 큰 모험이었다. 모차르트나 '다 폰테(Lorenzo Da Ponte, 1749~1838)'도 피해갔던 일을 까마득한 후배가 도전했던 셈이다.

그래서 로시니도 처음엔 <알마비바, 또는 부질없는 조심>이라는 제목을 걸고 1816년 로마에서 초연했지만, 결과는 끔찍했다. 당시 초연 때 파이지엘로의 팬들이 무대에 고양이들을 풀어놔 공연을 방해하는 등 최악의 상황까지 몰리기도 한다. 하지만 바로 그 해 파이지엘로가 죽으면서 로시니는 비로소 <세비야의 이발사>라는 원제를 붙였고, 변덕이 심한 이탈리아 청중들도 그의 작품을 인정하기 시작한다.

이쯤해서 케루비노와 백작 부인 '로지나'의 관계를 알아보기 위해 2부의 숨겨진 내용과 3부의 줄거리를 알아볼 필요가 있다. 3부는 2부 <피가로의 결혼>으로부터 무려 20년이 흐른 후를 배경으로 한다.

우선 오페라 <피가로의 결혼>에서는 언급되지 않았지만, '알마비바 백작'이 공사다망한 관계로 몇 년간 집을 비웠을 때 케루비노와 백작부인 사이엔 하룻밤의 불장난으로 인해 '레옹'이란 아들이 태어난다. 이내 죄책감에 빠진 로지나가 다시는 이러지 말자고 이별을 선언하자 이에 상처받은 케루비노는 전쟁터에 나가 중상을 입고 죽기 전에 로지나에게 마지막 진심이 담긴 사랑의 편지를 보낸다.

로지나는 순간적인 불장난을 후회하면서도 케루비노가 자신 때문에 죽었다는 또 다른 죄책감과 연민에 빠져 케루비노로부터 받은 편지를 그의 분신마냥 버리지 못하고 2중 잠금장치가 된 상자에 꼭꼭 보관한다.

그로부터 몇 달 후, 로지나는 케루비노의 아이를 임신하고 출산한다. 이 아이가 케루비노와의 관계로 생긴 아들 '레옹'이다. 긴 출장에서 돌아온 백작은 당연히 의심하지만 내색하지 않는다. 재산상속의 문제가 걸려 있어서 백작은 로지나의 아들을 인정하지 않으려 하고, 이 와중에 백작 역시 바람을 피워 '플로레스틴'이라는 딸을 낳아 후원한다.

음흉한 백작의 비서 '베기어스'가 재산과 신분 상승을 노려 '플로레스틴'과 결혼하려 하려 시도하지만, 이 사이에 '레옹'과 '플로레스틴'이 성장해서 운명의 사랑에 빠지게 된다. 이 모든 사실을 알고 있는 피가로와 수잔나가 백작과 백작부인을 화해시키려 한다는 것이 3부의 내용이다.

이 3부의 희곡은 성공했지만, 오페라는 20세기에 들어 비로소 작곡된다. 1903년 쥘 마스네의 <셰뤼뱅(Chérubin: 케루비노)>, 1964년 다리우스 미요의 <죄 많은 어머니 La mère coupable>, 미국의 존 코릴리아노가 메트로폴리탄 100주년을 기념하여 1980년에 작곡한 <베르사유의 유령 The Ghost of Versaille>, 그리고 2010년 프랑스의 티에리 뻬쿠Thierry Pécou가 작곡한 오페라 <사랑의 죄 L'amour coupable>가 계속해서 발표되었지만, 아는 이는 거의 없을 만큼 성공하지 못한다.

3부가 오페라로서는 그리 알려져 있지는 않지만, 그 내용을 이해하는 것은 분명 모차르트의 <피가로의 결혼>을 좀 더 흥미롭게 감상할 수 있는 단초가 되는 것은 분명하다.

◆

오페라 <돈 조반니>

유지하고 싶어 하기 때문에, 사회규범을 침해하는 개인이 나타나면 힘을 모아 응징하려는 경향이 있다. 모차르트 오페라의 주인공 '돈 조반니 Don Giovanni'는 바로 그 '벌 받는 개인'의 좋은 예다.

<돈 조반니>는 모차르트 예술의 절정으로, 프랑스대혁명을 2년 앞둔 1787년 프라하에서 초연된 이 오페라에는 무엇보다도 아름답고 재기 넘치는 아리아들이 가득하다. 서곡序曲부터 아주 특이하게 비극적이고 장중한 음악으로 시작하지만 곧 유쾌하고 활기가 넘치는 멜로디로 넘어간다.

2,065명을 유혹한 세비야의 바람둥이 이야기라면 믿을 수 있겠는가. 도대체 '돈 조반니'는 누구일까? '돈Don'은 귀족에게 붙이는 칭호, '조반니Giovanni'는 이탈리아에서 흔한 남자 이름인데, 영어로는 존, 프랑스어로는 쥐앙, 독일어로는 요한 또는 요하네스, 스페인어로는 후안…… 바람둥이의 대명사 '돈 후안'이 바로 이 남자다.

영지領地를 소유한 봉건 귀족이라는 사회적 지위와 매력 있는 외모를 무기로 무수한 여자들을 유혹하고, 목적을 달성한 뒤에는 새로운 즐거움을 찾아 재빨리 도망가는 남자. 정치 이데올로기나 사회적 성공, 재산 축적, 명예 따위에는 아무런 관심이 없고 순간의 쾌락에 모든 것을 거는 남자가 이 오페라의 주인공이다. <피가로의 결혼]의 천재적인 대본가 '로렌초 다 폰테'는 에스파냐 극작가 '티르소 데 몰리나'가 1620년경에 쓴 <세비야의 바람둥이와 석상石像 손님>을 토대로 <돈 조반니>의 대본을 썼다.

하인 레포렐로는 '카탈로그의 노래'로 두 번째 여주인공 돈나 엘비라의 약을 올리며 자기 주인의 실체를 폭로한다. 이제까지 돈 조반니가 농락한 여자들의 이름이 빼곡하게 적힌 수첩을 병풍처럼 펼쳐 보이며 하는 노래하는 말.

"이탈리아 여자가 640명, 독일에선 231명, 프랑스 여자가 100명, 터키 여자는 91명, 홈그라운드인 스페인에서는 천 명 하고도 셋. 온갖 신분, 갖가지 생김새, 별별 연령층의 여자가 다 있죠. 겨울에는 살집 좋은 여자, 여름에는 마른 여자를 고르고, 키 큰 여자보곤 기품 있다고 칭찬, 작은 여자한테는 사랑스럽다고 아첨한답니다. 명단 늘리는 재미에 나이 든 여자도 마다 않지만, 주인님이 진짜 좋아하는 건 역시 경험 없는 젊은 처녀죠."

레포렐로는 모든 것을 소유한 귀족 주인에 대해 계급적인 적대감을 드러내면서도 주인과 같은 삶을 열망하는 이중성을 지닌 인물이다.

'돈 조반니'는 음악적으로 볼 때도 대단히 특이한 주인공이다. 중년의 호색한이 아닌 젊은 바람둥이(원작의 나이는 27세)지만 모차르트는 그를 테너가 아닌 바리톤 배역으로 설정했고, 주역인데도 제대로 된 아리아를 작곡해주지 않았다. 그리고 음악을 통해 이 주인공을 느긋한 유혹자가 아닌 신경질적이고 조급증 가득한 '환자'로 표현했다. 돈 조반니가 부르는 '포도주의 노래'나 '세레나데'는 쫓기듯 하거나 너무 빨리 끝나버리며, 끝까지 그는 독자적인 스타일을 부여받지 못한다. 대신 돈 조반니는 자신이 상대하는 나머지 인물들의 음악적 스타일에 매번 자신을 맞추어 변신하는 카멜레온이다.

로렌초 다 폰테는 극작가 티르소 데 몰리나가 쓴 희대의 바람둥이 돈 후안(Don Juan)에 대한 희곡을 기본으로 오페라 대본을 작성했다. 그런데 몰리나의 희곡을 바탕으로 주세페 가차니가Giuseppe Gazzaniga라는 사람이 똑같은 제목의 오페라를 작곡해 모차르트의 <돈 조반니>가 프라하에서 초연되던 해에 베네치아 무대에 올린 적이 있다. 하지만 시간이 갈수록 가차니가의 <돈 조반니>는 아류처럼 취급되었고, 모차르트의 <돈 조반니>만 찬사를 받았다. 모차르트는 원래 제목을 <처벌 받은 난봉꾼 Il dissoluto punito>으로 생각했으나 너무 노골적인 것 같아 <돈 조반니 Il Don Giovanni>로 고쳤다.

저명한 음악평론가 아르투르 슈나벨Arthur Schnabel은 이렇게 말했다.

모차르트가 활동하던 시대의 영국, 프랑스 등 서부 지역의 국가들은 비교적 강력한 왕권을 가지고 있었다. 그러나 해양 산업에서 몰락한 베네치아는 가진 것이 없었다. 시민들은 점점 불만을 갖기 시작했고, 권력층은 이 불만을 어떻게든 해소해야만 했다.

베네치아가 택한 것은 '유흥산업'이었다. 도시 곳곳에서는 합법적인 도박판들이 벌어졌다. 누구나 오락을 즐길 권리가 있었고, 술을 마실 권리가 있었다. 도시 전체가 하나의 유곽이 되었고, 대부분의 여성들이 창녀와 구분되지 않았다.

유럽인들은 베네치아를 유럽의 '사창가'로 여겼다. 프랑스의 파리가 '예술과 향락의 중심지'라면, 베네치아는 '퇴폐와 유흥의 중심지'였다. 이렇듯 파렴치한 카사노바와 대본 작가 다 폰테는 계몽주의의 사상적 영향이 아니라 시대적 분위기 덕을 보고 있었다.

카사노바와 다 폰테, <돈 조반니>의 도시 베네치아

사실 '돈 조반니'는 실존인물이 아니라 스페인에서 전설로 내려오는 희대의 바람둥이 '돈 후안Don Juan'의 이탈리아식 이름이다.

이 돈 후안에 대한 애기를 대본작가 '다 폰테(Lorenzo Da Ponte, 1749~1838)'가 당시 사교계의 인물이자 본인의 멘토였던 카사노바(Giacomo Girolamo Casanova, 1725~1798)를 모델로 모차르트의 오페라 돈 조반니의 대본에 영향을 준 것은 사실로 여겨진다. 여기서 짚고 넘어갈 것은 모차르트 본인이 카사노바의 애기를 오페라로 쓰는 데는 반대의사를 분명히 했다는 점이다.

다 폰테와 카사노바는 24살이라는 나이 차이에도 불구하고 친구였다. 이 둘은 종교의 억압과 봉건적 절대 권력에서 자신들만의 자유에 대한 갈망을 성적 쾌락으로 풀어냈고, 결국 그들의 비도덕적인 것을 넘어선 범죄행위는 당시 베네치아에 만연한 방탕을 방패삼아 자유연애로 탈바꿈돼 대부분의 지식인들 손에서 계몽주의 예술의 절정인 것처럼 승화되었다.

그 유명한 카사노바는 이탈리아 베네치아 출신의 시인이며 소설가다. 그러나 그에 대한 기록은 그의 자서전 말고는 딱히 찾을 수 없고, 그 자서전이라는 게 워낙 자신의 입장에서 기술한 거라 진위 여부는 미지수지만, 역사적 사실과 사건을 놓고 재구성해 보면 그의 파렴치한 행동을 추적할 수 있다.

이 희대의 엽색가를 미화해주는 것이 다방면에 걸친 그의 과장된 능력이었다. 여러 분야에 두루 능통했던 것 자체가 학문의 분야가 세

분화되지 않았던 당시로서는 별로 특별한 것은 아니었다. 마치 카사노바가 18세기 계몽적 상징 마냥 여겨지는데, 그는 귀족들의 특권과 오만에 반대한 인물이 아니라 자신도 그것을 가지고 싶어 했던 인물일 뿐이다.

여기서 반드시 짚고 넘어가야 할 점은 오늘날 카사노바가 바람둥이의 대명사처럼 알려져서 카사노바의 도덕적 문제라면 우선적으로 여자에 관련된 문제를 생각하기 쉽지만, 오히려 당대에는 이 문제가 별로 중요하게 여겨지지 않았고 돈에 관련된 문제, 특히 사기를 치다 걸리는 경우가 비일비재했고 이것이 더 큰 범죄였다. 카사노바가 평생에 걸쳐 전 유럽을 떠돌아다녀야 했던 가장 큰 이유가 바로 여기에 있다. 이 문제를 나열하자면 끝도 없어 단초만 제시한다.

그의 절친 다 폰테 역시 이탈리아의 시인이자 극작가다. 그는 24세에 베네치아 '성 루가 교회'에서 로마가톨릭의 사제가 되었으나 카사노바 못지않게 방탕한 생활을 하다 결국 유부녀와의 불륜으로 1779년 베네치아를 떠난다. 사실 잡히기 전에 미리 낌새를 채고 도망쳤던 것이다. 그가 없이 진행된 재판의 선고 내용은 15년간 국외 추방령과 이탈리아 국내에서 체포될 경우 7년의 지하 감옥 생활이었다.

엽색가였던 그가 역사에 이름을 남긴 이유는 오페라의 대본작가로 능력을 발휘한 덕분이다. 카사노바와 달리 그는 이탈리아에 있을 때부터 문학적 재능을 인정받았었기에, 합스부르크 궁정작가 살리에리는 그를 궁정 극장 전속 대본작가로 일하게 하였다. 그리고 그는 모차르트와 만나 오페라 <피가로의 결혼>, <코지 판 투테>, 그리고

<돈 조반니>의 대본을 쓴 것을 비롯해, 총 11명의 작곡가와 함께 28편의 대본을 쓰며 역사에 남게 된다.

돈 조반니는 권력에 저항한 자유인인가, 특권을 악용한 파렴치한인가?

'돈 조반니'는 가공의 인물이지만 일반적으로 알려지긴 역사상 유래를 찾을 수 없는 희대稀代의 호색한이다. 그의 심복 '레포렐로'의 노래에서만 봐도 무려 2,065명의 여자를 농락했으니 말이다. 원본에 의하면 돈 조반니의 나이는 불과 27세밖에 되지 않는다.

파렴치한이 분명한 그는 죽음 앞에서도 너무 당당하다. 마지막 순간 석상이 나타나 회개를 강요해도 굴하지 않는다. 회개하고 사느니 차라리 당당하게 죽음을 택하겠다며 지옥 불로 사라진다. 한편에선 이를 두고 '돈 조반니'야말로 기존 질서와 인습에 저항하는 자유의 화신 또는 계몽의 깃발 아래서 기독교 질서에 반발하는 시대의 반항아라 낭만적으로 평하기도 한다.

그를 두고 굳이 거창하게 계몽주의 시대의 절대 군주나 세속적 교회의 권력에 대한 반항을 들먹거릴 요량이면 마지막 심판의 순간에 초자연적 존재인 석상은 왜 등장시켰을까? 죽음 앞에서 그의 호기는 영화 <터미네이터>에서 그 터미네이터가 불구덩이에 빠지며 마지막 순간에 엄지손가락을 치켜 올리는 것과 닮아 있다. "I'll be back!"

'돈 조반니'가 사랑한 자유란 엄밀히 말하자면 자신의 자유를 위해서 타인의 자유는 짓밟아 버리는 것이었다. 실존 인물 카사노바처럼……

레포렐로의 치부置簿 책에 따르면 돈 조반니가 유린한 여자의 수가 이탈리아에서는 640명, 독일에서는 230명, 프랑스에서는 100명, 터키에서는 91명, 스페인에서는 무려 1003명이다. 어마어마하다. 여기에 적힌 숫자대로라면 하루에 한 명을 유린했다 하더라도 5년 반이 더 걸리고, 신중(?)을 기해 일주일에 한 명을 겁탈했다 하더라도 대략 40년이 걸린다.

그런데 쿨리지 효과(Coolidge effect ; 성관계를 맺는 파트너를 바꾸었을 때 성性적 욕망이 증가하는 현상)와 황소 법칙(황소는 짝짓기 하지 않았던 암소가 남아 있는 한, 같은 암소와는 짝짓기를 하지 않는다는 법칙)을 적용하면 여지없이 그 햇수는 줄어든다. 굳이 돈 조반니가 모노가미(monogamy ; 일부일처제)를 지킬 하등의 이유가 없지 않은가?

혁명보다 진지한 관능의 여인들…안나, 엘비라, 체를리나

모차르트의 오페라 <돈 조반니>를 조금 다른 시각에서 바라보자.

여태 주목받아 온 문제의 인물 '돈 조반니' 말고, 그가 수작을 걸었던 평민 체를리나와 부르주아 엘비라, 그리고 귀족 안나의 입장 말이다. 극 중 캐릭터는 분명 셋이지만 인간의 본성으로 보면 한 사람이다. 사실 이 점은 남녀 구분이 필요 없어 보인다.

돈 조반니는 닥치는 대로 여성을 겁탈하고 살인까지 저지른 파렴치한이지만, 그는 귀족의 상징이었다. 이 귀족을 무슨 죄목으로 처벌

한단 말인가. 만일 돈 조반니를 풍기문란 등 성적 범죄로 처벌하려 한다면 웬만한 귀족들은 굴비 엮듯 다 들어갈 것이 뻔했다.

당시 모차르트와 대본작가인 '다 폰테(Lorenzo Da Ponte, 1749~1838)'가 아무리 유럽의 사창가 베네치아를 등에 업고 있었다 하더라도, 이 오페라는 엄격한 합스부르크가의 검열 아래서 통과될 리 만무했다. 결국 이 작품은 빈이 아닌 프라하에서 초연(1787년)을 하게 된다.

여기서 돈 조반니의 성적 문란이나 혁명 전 들끓고 있던 계몽주의와 같은 사회·정치적 문제의 시비是非를 가리고자 함이 아니라, 시공을 초월한 인간의 그 깊은 곳, 하도 깊어서 스스로도 잘 모르는 그 마음이라는 공간을 들여다보고자 한다.

우선 체를리나의 관능 뒤에 숨겨진 지혜를 들여다보자. 돈 조반니의 파트너로 등장하는 여자들 중 신분이 가장 낮은 캐릭터다. 귀족의 수작질에 할 수 있는 것은 사실상 아무 것도 없다는 얘기다. 18세기나 지금이나 권력과는 거리가 먼 약자들에게 중요했던 건 인격과 자존심을 지키면서도 살아남는 일, 그 양립하기 어려운 과제인 비극적인, 솔직히 비참한 줄다리기가 숨 막히도록 아프다.

프랑스대혁명이 일어나기 2년 전인 1787년 체코의 프라하에서 <돈 조반니>가 초연되었을 무렵, 유럽에서는 자유와 평등에 대한 민중의 갈망이 뜨거웠고, 봉건적인 신분제를 비판하는 내용을 담은 이 오페라는 크게 인기를 끌었다. 오페라 중 평민인 '체를리나'가 귀족 신분의 난봉꾼 '돈 조반니'의 유혹에 대처하는 장면과 막 결혼한 아내에 대한 질투로 분노가 극에 달해 폭력으로 치닫는 농부인 자신의 남편 '마제토'의 위기를 육감적인 관능미와 재치로 다루는 그녀의

'에로티시즘'은 이 오페라의 백미다.

얼핏 보면 그녀의 관능미가 그녀 본인만의 생존인 듯 보이나, 그녀의 본능적인 지혜가 궁극적으로는 남편 마제토도 살린 셈이다.

돈 조반니의 유혹을 평민 신분인 체를리나가 어쩔 수 있었겠는가? 권력 앞에서 무너지는 성性이 어디 어제오늘의 이야기던가? 게다가 체를리나에게는 아내에 대한 질투로 분노가 극에 달해 폭력으로 치닫는 농부인 남편 마제토까지 있다. 그 위기를 육감적인 관능미와 재치로 다루는 그녀의 에로티시즘은 야하다기보다는 본질적으로 비극적이다. 자신을 낮춰 사랑을 구걸하는 것처럼 보이지만, '돈 조반니'와의 관계에서 실질적인 주도권을 쥐고 있는 것은 '체를리나'였다. '아도르노(Theodor Ludwig Wiesengrund Adorno, 1903~1969)'가 '체를리나'에 대해 "로코코와 대혁명 사이의 역사적인 순간"이라 했던가?

한편으로 '돈 조반니'의 성적 매력에 반했든, 아니면 자신의 신분 상승을 위해 그가 필요했든 이유는 잘 모르겠지만 부르주아 출신인 '돈나 엘비라'가 지닌 양면의 감정ambivalence은 대단히 저돌적이다. 물론 귀족 신분도 돈 주고 샀던 재력이 그 단순무지의 배경임은 불문가지不問可知이고…….

그렇다면 첫 무대의 프리마돈나 '안나'는 과연 결백한가?

사실 그녀는 '돈 조반니'와의 합의관계consensual sex를 겁탈로 바꿔치기해, 자신의 사회적 지위와 명예를 지킨 가냘픔 속에 교활함을 감춘 영악한 귀족일 가능성이 농후하다. 하지만 아버지한테 돈 조반니와의 은밀한 순간을 들켰는데 그 정도의 교활함은 오히려 지혜에 가깝다. 문제는 그 순간의 모면이 아버지의 죽음을 불러일으켰다는 점이다. 약혼자 '옥타비오'는 안나에게 그저 수단에 불과하다. 그녀의 마음속엔 '돈 조반니'가 이미 자리 잡은 애증의 분열이었으니까….

신분도 상황도 제각기 다르고, 보기에 따라서는 한 사람을 칭찬하고 또 다른 이는 비난할 수도 있다. 그런데 잠깐 멈추고 보이지 않는 심연深淵을 바라보자. 진정 느껴지지 않는가?

'안나'의 교활, '엘비라'의 저돌, 그리고 '체를리나'의 관능. 세 여인의 분리된 몸들이 오페라 <돈 조반니>에서 하나의 영혼 안으로 도킹을 시도하고 있다. 그걸 우리는 '타인'이라 부르며, 그 '사이'에 '나'를 은폐한다.

칭찬도 비난도 미룬 채 땀보다 더 짠한 눈물이 흐른다.

그것이 지혜이든, 무지無知이든, 교활狡猾이든 그들의 생존을 위한 대처들은 프랑스혁명보다 더 진지한 휴머니즘이며 슬픈 관능이 아니던가.

$$\blacklozenge$$

반전反轉의 오페라
<마술피리>

음에는 자라스트로를 모셨다, 테너), 대변인(자라스트로의 대변인, 베이스), 파파게나(처음에 노파로 등장, 소프라노) 등이다.

당시 경제적으로 어려운 상황에 놓였던 모차르트는 작곡 의뢰가 들어오면 무엇이든 써야 했기 때문에, 이 오페라의 작곡 제안도 흔쾌히 수락할 수밖에 없었다. 더구나 고향 잘츠부르크에서부터 알고 지내던 요한 엠마누엘 쉬카네더Johann Emanuel Schikaneder가 독일어 오페라를 제안했다는 사실도 마음에 들었던 것으로 짐작된다.

모차르트와 쉬카네더는 새로운 세상을 꿈꾸는 18세기의 '프리메이슨Freemason'을 통해 우애를 다졌다고 전해진다. 모차르트는 빈에 정착한 지 4년만인 1785년, 28세의 나이로 프리메이슨에 가입했다. 계몽주의 물결에 힘입어 세계시민주의를 꿈꾸었던 프리메이슨 사상은 모차르트에게도 영향을 주었고, 모차르트가 프리메이슨에 가입한 해에 작곡한 〈프리메이슨을 위한 장송음악 K.477〉 역시 그러한 의식이 반영된 작품이다.

쉬카네더의 대본에 음악을 붙인 오페라 〈마술피리〉에도 프리메이슨의 사상이 담겨 있는데, 1790년 이후 비밀결사단체가 되었기 때문에 이 단체의 회원이 오페라의 상징적인 등장인물로 표현되어 있다는 해석도 가능하다.

독일어로 작곡된 이 작품은 징슈필Singspiel의 유쾌한 오페라로, 18세기에 유행하던 다양한 음악 양식을 담고 있다. 이탈리아의 오페라 부파와 오페라 세리아, 독일의 리트, 바흐 코랄, 그리고 빈의 민요적인 요소까지 등장인물에 따라 다양한 음악 양식을 녹여낸 모차르트의 작곡 능력은 최고조에 달한 상태였다.

더구나 이 작품에는 절대적인 음악성에 도달한 모차르트의 궁극窮極의 단순성이 담겨 있다는 점에서 더욱 놀랍다. 그것은 남녀노소 모든 계층을 아우르는 모두를 위한 오페라인 동시에, 그 이면에 심오한 사상을 담고 있는 모차르트 오페라의 위대함을 보여준다.

제목이 왜 마술피리일까?

모차르트는 끔직한 열병으로 누워 있었다.

그러면서 밤마다 시계를 쳐다보며 중얼거린다.

"아, 지금은 파파게노가 등장할 시간이야."

"이제 주인공 두 사람은 물과 불의 시련을 다 통과했겠군."

<마술피리>의 두 주인공 왕자 '타미노'와 공주 '파미나', 그리고 평민 '파파게노'와 '파파게나'는 온갖 시련을 극복하고 마침내 새로운 세상을 만났지만, 정작 모차르트 본인은 병마를 극복하지 못한 채 이 작품이 빈에서 초연(1791년 10월 1일)된 지 불과 두 달 만인 12월 5일 유명을 달리하고 만다.

길고 복잡하게만 설명되는 <마술피리>의 줄거리는 사실 의외로 단순하다. 우선 1막에서 나오는 얘기가 완전히 반전되는 것이 2막이라고 생각하면 된다.

1막에서 밤을 지배하는 밤의 여왕은 사랑하는 외동딸 파미나를 악마 자라스트로에게 빼앗긴 불쌍한 어머니다. 밤의 여왕의 부탁으로 잘 생긴 왕자 타미노는 마술피리를 받아들고 여왕의 딸인 아름다운 공주 파미노를 구하러 길을 나선다. 1막 중간 정도만 보면 말 그대로 왕자가 위험에 빠진 공주를 구하고 악당을 징벌하는 내용이 전개되리라고 넘겨짚기 십상이지만, 2막에서 청중들의 생각을 완전히 뒤엎는 반전 드라마를 연출한다.

2막에 와보니, 막상 악당으로 생각했던 자라스트로는 덕망이 높은 승려(철학자)이며 밤의 여왕은 딸에게 그 자라스트로를 죽이라고 강요하는 무시무시한 여인이었던 것이다. 하여 파미나를 구하러간 타미노는 오히려 자라스트로의 성 안에서 도를 닦기 시작하고, 파미나는 자기를 잡아두었던 자라스트로를 존경하게 된다는 스토리다. 그 심각한 스토리 사이사이에서 코미디를 담당하는 평민 파파게노와 파파게나가 웃음을 연출한다.

귀족 커플(타미노와 파미나)의 고귀함과 평범한 조연 커플(파파게노와 파파게나)의 우스꽝스러움에 파미나의 괴팍한 어머니(밤의 여왕)와 이성적인 타미노의 후견인인 철학자(자라스트로)가 등장하는 한 편의 오페라다.

그렇다면 제목이 왜 <마술피리>일까?

타미노 왕자가 목숨을 걸어야 하는 물과 불의 시련을 통과할 때 파미나는 마술피리의 유래를 이야기한다. 그 피리소리가 어려움에 빠진 왕자를 이끌어주기 때문이다. 바로 그 피리는 마법사였던 파미나의 아버지가 천 년 묵은 떡갈나무를 베어 만든 악기였다. 한 마디로 '음악이 인간을 조화로운 세계로 이끈다.'는 철학을 작품에서 은유했던 것이다.

조금 더 나아가 보자. 오페라 속에서 이성의 세계를 지배하는 사람은 자라스트로이고, 타미노 왕자가 자라스트로의 세계로 가는데 마술피리가 도움을 준다는 설정 아니던가? 그런데 얘기가 거기서 끝나버리면 모차르트가 아니다. 반전에 반전을 거듭한다!

모차르트는 자라스트로가 지닌 이성만으로는 모든 문제를 해결할 수 없다는 것을 강조하기 위해서 밤의 여왕 또한 네거티브하게 부각시킨다. 이 마법의 여왕이 지닌 감성 역시 중요하다고 암시하는 것이다. 결국 이성과 감성의 세계가 조화를 이루는 것이 '음악의 궁극적인 이상'임을 모차르트는 오페라 <마술피리>에서 끊임없이 얘기하고 있는 셈이다.

<마술피리>를 보는 두 가지 관점

모차르트 최후의 오페라 <마술피리>는 작곡가의 영감靈感의 산물이라기보다 시대時代의 요구를 받아들인 결과물이다. 당시 모차르트를 둘러싼 사회적 급변 상황을 살펴보는 것도 흥미로울 것이다.

모차르트를 후원하던 오스트리아 황제 요제프 2세가 세상을 떠났고, 일부 책에는 새로 즉위한 황제가 오페라에 관심이 없었다고 하는데, 엄밀히 들여다보면 황실 재정의 피폐와 시민계급의 등장으로 오페라에 관심을 둘 상황이 아니었다는 게 정확할 듯하다. 다시 말해 황실 내부적으로는 재정 형편이 피폐해지고 있었기 때문에 황제의 극장에서는 실제로 오페라 공연이 중단된 상태였고, 나라 밖으로는 프랑스대혁명의 바람이 유럽 전역에 번지고 있을 때였다.

거기에다 모차르트의 오페라 흥행 보증수표였던 '다 폰테(Lorenzo Da Ponte, 1749~1838)'는 제 버릇 남 못 주듯 여자 문제로 오스트리아에서 도망쳐 벨기에, 네덜란드, 영국 등 유럽전역으로 떠돌이 생활을 하고 있었을 때였다. 실제 다 폰테로 인해 오페라의 본고장인 이탈리아보다 오스트리아 빈에서 모차르트의 오페라가 빛을 보고 있었기 때문이다.

또한 이미 모차르트의 <피가로의 결혼> 등 그의 이탈리아 오페라는 일반 시민을 의식해 독일어로 공연되고 있었다. 그러므로 독일어를 대본으로 한 민중 오페라의 출현은 시대의 요구이기도 했다. 외국어인 이탈리아어를 이해하지 못하는 빈의 일반 시민들을 생각해보면 이해가 되실 것이다.

그 당시에 빈에서는 풀리지 않는 고대의 수수께끼나 주술과 마법이 크게 유행하던 시대여서, 뛰어난 흥행 감각을 지닌 대본작가 엠마누엘 쉬카네더(Emanuel Schikaneder, 1751~1812)는 환상적인 요소로 가득 찬 핀란드 동화집 속의 고대 이집트 이야기를 토대로 한 대본을 쓰고 이것을 모차르트에게 의뢰하기에 이른다. 이것이 <마술피리>라는 제목으로 만들어진 것이다.

이 작품을 감상하는 두 가지 포인트가 있다.

첫째는 정치적인 측면에서 당시 시민계급들을 계몽성 차원에서 보는 것이고, 둘째는 이러한 정치성을 배제하고 그냥 즐겁게 보는 것이다. 어떻게 보든지 선택은 자유다.

첫 번째 관점으로 보면 극중의 주인공들이 관객들에게는 교묘하게 역사적 현존인물을 떠오르게 했다. 이들의 의도적인 캐릭터의 오버랩이 당시 시민들을 충분히 자극하고 만족시켰던 것이다. 예를 들어 '밤의 여왕'은 '여 대제 마리아 테레시아'를 비유했고, 왕자 '타미노'는 그녀의 아들 '카이저 요셉 2세'를, 그리고 악마 또는 승려 '자라스트로'는 당시 프리메이슨의 비엔나 지도자(Zur Währen Eintracht 지부회장) '이그나즈 폰 보른Ignaz von Born'을 떠올리게 했기 때문이다.

그뿐만이 아니다. 당시 프리메이슨에서 통용된 성스러움의 상징인 숫자 '3'을 이 오페라의 곳곳에 배치했는데, 가령 세 곳의 사원, 세 가지 덕성, 세 가지 시련, 그리고 서곡의 조성 E플랫 장조도 C로부터 세 번째 조성이고, 3화음 울림 등도 이 오페라 속에 포함된 상징이다.

그리고 <마술피리>가 초연된 극장은 왕실 전용극장이 아닌 시민 극장 격인 프라이하우스-극장(Freihaus-Theater auf der Wieden, 직역하면 자유의 집)이라는 것도 상징적인 의미가 있다. 또한 알려진 바와 같이 <마술피리>의 대본 작가 쉬카네더와 작곡자 모차르트가 당시 계몽사상과 자유시민사상을 표방한 프리메이슨 단원이었다는 점도 간과할 수는 없을 것이다.

두 번째 관점으로 본다면 <마술피리>는 전문적인 감상능력이 없는 일반인을 위한 민속인 독일 징슈필(Singspiel, 독일어로 '노래의 연극')이었다는 점이다. 대본작가 역시 오늘날로 치면 코미디언이며 뛰어난 사업수단을 지닌 흥행사 쉬카네더였다. 이 작품을 본 당시의 빈 시민들은 작곡가가 누구인지 그다지 관심을 두지도 않고 즐겼다고 한다. 일단 쉬카네더의 대본 자체가 산만하고 논리적이진 않기 때문이다.

이를테면 선과 악이 1막과 2막에서 갑자기 역전된다. 이는 심각하게 보지 않아도 된다는 방증傍證이기도 하다. 대본은 조금 무시하더라도 모차르트의 지루할 틈 없는 음악을 따라가면 된다. 대본의 산만성에도 불구하고 모차르트가 <마술피리>에서 추구한 음악적 균형은 이 작품을 후대에 걸작으로 남기고도 남는다.

희극적인 조연의 존재 역시 이 오페라를 단순히 즐길 수 있도록 큰 역할을 한다. <마술피리>의 초연 당시에는 파파게노를 쉬카네더가 직접 불렀다. 주인공 타미노 왕자나 파미나 공주보다 관객들에게 가장 박수를 많이 받는 역이 바로 우스꽝스러운 파파게노다. 가족들이 함께 극장을 찾는다면 아이들이 가장 열광하는 캐릭터 역시 파파게노다. 자칫 선악의 나눔으로 가려는 이 오페라의 교훈을 희석시키는 중립(中立) 상태의 인물이 바보같이 순수한 파파게노이기 때문이다. 왜 이 작품을 썼는지 모차르트의 본심을 알 수 없는데, 어떻게 즐기는지는 청중들의 몫으로 남겨져있을 따름이다.

◆

오페라 <코지 판 투테>

코지 판 투테 Cosi fan tutte K.588

<피가로의 결혼 Le nozze di Figaro>, <돈 조반니 Don Giovanni>와 함께 모차르트의 3대 오페라 부파 중 하나다. 당시 빈에서 실제로 있었던 사건을 바탕으로 로렌초 다 폰테가 대본을 썼고 1790년 1월 26일 빈의 부르크 궁정극장에서 초연되었다. 다 폰테의 대본에 의한 모차르트의 오페라 중 마지막 작품으로, 섬세한 감정 묘사와 근대적 감각이 뛰어나다. 여인들의 정숙함을 시험해본다는 이 오페라는 당시 건강이 좋지 않았던 황제 요제프 2세의 기분을 좋게 하기 위해 작곡되었다는 일화도 있다.

\<춘향전\>과 \<코지 판 투테\>의 공통점

정숙한 여인과 욕망을 지닌 여인을 따로 구분해 놓은 것은 동서양 모두 남성지배적인 상황에서 양산해 온 여성에 대한 전형적인 이중 기준double standard이다. 동양과 서양의 고전古典인 두 작품은 구성이나 내용상 공통점이 무척 많다.

우선 구성면에서 보면 흔히들 '오페라 부파 Opera Buffa'라고 부르는 '코지 판 투테 Cosi fan Tutte', 즉 이와 같은 당시 '나폴리 스타일'의 오페라는 두 쌍의 남녀 커플(피오르딜리지&굴리엘모, 도라벨라&페란도)이 나오고 그들을 조정하는 한 명의 남자(알퐁소)와 한 명의 여자(데스피나)가 더해지는 구도다. 이런 형태는 오랫동안 희극 오페라의 전형적인 형태를 이루었고, 그 잔재는 푸치니의 \<라 보엠\>에까지 나타난다.

멀리 갈 것도 없다. 이런 점은 우리나라 \<춘향전\>에서도 마찬가지다. 몽룡&춘향 커플과 향단&방자 커플, 그리고 그들을 방해하는 변학도와 그들을 도와주는 월매라는 6인의 배역과 닮아 있다.

이런 6인의 오페라 부파는 한두 명의 스타보다는 6인의 협력적인 공동 작업이 더욱 중요하여, '앙상블 오페라'라고도 불린다. 다시 말해 모차르트의 \<돈 조반니\>나 \<피가로의 결혼\>은 이 형태의 변형이며, \<코지 판 투테\>와 더불어 \<후궁으로부터의 탈출\> 그리고 \<춘향전\>은 전형적인 6인극인 것이다.

그렇다면 이제 내용의 측면을 한 번 살펴보자.

오랫동안 코지 판 투테는 음악에 비해 대본이 빈약하고, 심지어 여성을 시험했다고 하여 차별적인 요소가 있다고 일부에서 주장하기도 한 작품이고, 춘향전의 춘향은 이몽룡을 위한 일편단심은 물론 그를 위해 죽음까지 불사하는 절개의 상징이라 침이 마르게 칭찬을 받아 온 여성이다.

표면적으로 <코지 판 투테>에서는 여성의 절개 따위는 아예 없다. 남자가 잠시 떨어지는 순간 다른 남자를 찾아간다. 절개는 장식으로 잠시 보여주는 여자란 이름 앞의 이미테이션일 뿐이다.

코지 판 투테의 여인들은 남자가 잠시 떨어지는 순간 다른 담자의 품에 안기는데 이 작품이 왜 춘향전과 비슷하냐고 하실 수 도 있다.

코지 판 투테를 깊이 조명해 보면 당시 유럽사회에서 여성에게만 적용되는 절개니 정조니 하는 관념을 풍자하고자 했던 것이 작품의 기저에 깔려 있다.

모차르트의 오페라 <코지 판 투테>는 '성性'이라는 진부하지만 예민한 소재를 통해 인간의 본성을 날카롭게 풍자하며 관객들을 멋쩍음을 '웃음'으로 승화시킨다. 이 오페라의 이름 <Così fan tutte, ossia La scuola degli amanti (The School for Lovers) K.588>을 살펴보면 "여자는 정조 관념이 없다."는 게 주제가 아니라, '연인들의 학교'라는 부제가 말해 주듯 "여자도 남자랑 똑같다."는 사실을 역설하고 있다.

데스피나의 아리아 <정상적인 군인들(In Uomini, In Soldati Soldati Sperare Fedelta)>을 듣는 남자 관객들은 옆에 대동한 연인이나 아내를 향해 한 번쯤은 헛기침을 해야 하리라.

"모든 사내란 다 마찬가지예요. 모두 다 바람 따라 흔들거리는 수양버들과 같은 것이 남자들이지요. …그들은 쾌락을 위해서만 여자를 사랑하거든요. 그러고 나서는 우릴 무시하고, 우리를 저버리지요. 그땐 애걸해봤자 소용이 없어요."

데스피나가 하녀 출신이라 오히려 성性에는 귀족 여성들 보다 더 자유스럽다. 여자들도 눈치 보지 말고 자신의 행복을 찾아 가라고 노골적으로 얘기하고 있다.

그간 실생활이나 오페라에서 바람을 피우는 것은 남자들의 전유물이었지만 코지 판 투테에서는 상황이 완전히 뒤바뀐다.

남성이라는 고유명사와 정조라는 단어는 애초에 어울리는 것이 아니었다. 세상에 어느 작품에서 공개적으로 남자들의 정조를 논했던가?

코지 판 투테는 그간 여성과만 결합된 정조라는 말을 우회적으로 비웃으며 남자들의 이중적인 성관념을 조롱하는 최초의 작품이고, 인간의 본성에 던지는 날카로움이 해학에 묻어나는 수작이다.

춘향이는 기생이 아니다

결론부터 얘기하면 춘향의 어미인 월매는 기생이었으나 춘향은 기생이 아니었다. 춘향이에게는 늘 따라 다니는 몸종인 향단이가 있다. 이 얘기는 춘향이가 대비정속代婢定贖하여 그 신분이 기생이 아닌 양민이었다는 것을 추정케 한다. 대비정속이란 양반과 관기사이에 태어난 자녀에 한하여 그 자녀 대신에 다른 사람을 사서 넣고 자신은 기생의 신분을 면하여 양민으로 신분이 상승할 수 있는 제도를 말한다.

월매는 재력 있는 권세가와의 사이에서 춘향을 나았으므로 그녀에게 몸종 향단을 붙여 줄 수가 있었고, 춘향 역시 양반 자제 이몽룡과의 연애에도 주저하지 않았으며, 심지어 변 사또 앞에서도 당당히 수청을 거절할 수가 있었던 것이다. 조선의 법은 기생도 함부로 범할 수 없다하였는데 하물며 양민의 신분이라면 더 당당하지 않겠는가? 그러니 변 사또도 춘향이 자신의 수청을 거절하여 머리끝까지 화는 났지만 그 명목으로 벌을 줄 수가 없는 게 당시의 법이었다.

조선의 경국대전에 '관원은 기생을 간奸할 수 없다'라고 되어 있어 아무리 기생이라 하더라도 수청을 거절하였다 하여 벌을 주지는 못한다. 그래서 더 큰 죄로 몰고 간다. 어미 월매의 신분이 기생이었으므로 딸도 당연히 기생이 되는 '종모법從母法'을 따라 춘향 역시 기생이 되어야 하나 그것을 어겼다는 죄목으로 나라의 기강을 흔든 국사범으로 몰고 간 것이다.

여기서 변 사또로 드러난 권력층의 욕망이 과연 개인 변학도로 그칠 것인지를 살펴보고자 한다. 겉으로만 보면 춘향전은 여성이 남성에 대한 일편단심의 '사랑'과 '정절'이 가장 중요한 부분이고, 그 이면에는 당시 사회의 '신분의식 및 인간 해방' 등이 부차적인 요소로 보여지기는 한다. 바로 이런 면에서 춘향전에는 당시 유교적 기반위에 있던 양반들의 욕망과 부패한 관리 밑에서 신음하던 민중의 욕망이 춘향이를 통해 동시에 투사되어 있다고 보는 것이다.

쉽게 얘기해보자.

조선시대 사대부집에서 '양반 남편'이 '양반 아내'에게 대놓고 성
性적인 요구를 할 수 있었다고 생각하시는가? 공식적으로 '양반 아
내'에게는 유교적인 헤게모니인 '정절'이나 '절개'하는 성규범만이
있었고, 그녀들에게 성性이란 '아들'을 낳아 대를 잇는 재생산의 역
할이 생명보다 중요한 것이었다. 그래서 남자들의 에로틱한 성애性
愛에 대한 욕망은 아내가 아닌 기생들을 통해서 이루어졌던 것이다.
춘향이 비록 대비정속 하여 양민의 신분이라고 하더라도 기생이길
원하는 것은 비단 변 사또뿐이 아니다. 당시 유교적 헤게모니 속에
있는 지배층 양반들은 춘향과 같은 힘없는 여성들에게 기생과 같은
성적향응을 당연히 요구했던 것이다.

그래서 춘향이가 보여준 행동이 변 사또의 공포정치에 대한 매우
날카로운 대항인 셈이었다.

사실 이 점이 몹시 흥미롭다.

춘향은 극도의 공포상황에서 권력자 변 사또의 요구를 정면으로
거부한다. 변 사또 입장에서는 평생 처음 겪는 황당함이었을 것이다.
다시 말해 작품 속에서 성적 유희의 대상이 될 수도 있는 비천한 신
분의 춘향이 원래 양반여자에게만 있던 '절개'와 '열녀'의 유교적 질
서를 내세우며 권력층의 요구를 거절하니, 이 대목에서 변 사또의 황
당함과 열 받음을 충분히 짐작하고도 남는다. 변학도 입장에서 보면
춘향이는 이몽룡이 품었던 여인 이상도 이하도 아니었으니까.

사실 춘향이가 부패한 양반을 피해 찾아 간 곳 역시 또 다른 양반의 품이었던 것은 사실이다. 이 점은 춘향이를 탓하기 보다는 시공을 떠나 사회의 보편적 양상 아니던가?

그렇다면 춘향이가 품었던 꿈 또는 욕망은 무엇이었을까?

변 사또를 거부하고 이몽룡을 선택한 것은 얼핏 사랑의 영원성을 위한 낭만적 해방이나, 결국 '절개'라는 유교사회의 이데올로기를 벗어나지는 못했다. 하지만 춘향이 입장에서는 극복 할 수 없는 신분제사회에서 인생을 건 한판 승부를 보여준다. 지배층의 욕구를 수용할 수 밖에 없는 춘향이에게 갑자기 갈등구조가 도래했던 것이다. 자신의 사회적 입지를 상승시키려는 현실적 욕망이 약간의 시간차로 동시에 나타났기 때문이었다.

이 대목에서 이몽룡이나 변학도는 춘향이의 소도구일 뿐이다.

춘향은 자기가 사랑하는 남성에게는 기생에게 허락된 온갖 교태를 다부렸고, 자신이 원치 않는 남성에게는 사대부 여성보다 더 단호한 거부의사를 밝힌다. 즉 춘향에게는 코지 판 투테에서 보여준 정숙한 여인과 욕망의 여성이 동시에 내재되 있었던 것이다. 이것은 동서를 막론하고 남성지배권하의 사회에서 오랫동안 구축해놓은 사회적 욕망과 여성의 욕망이 해체되는 것을 의미한다. 춘향이 목숨을 걸고 신분 차이를 극복하고 이몽룡의 사랑을 획득한 것을 단순히 청춘남녀의 사랑의 승리라고만 볼 것은 아니다. 이는 단순히 유희의 대상으로만 여기던 낮은 신분의 여성이 상류층과의 결혼의 대상으로 편입된 것을 의미한다. 그리고 반대로 코지 판 투테에서는 신분 높은 여성들도 남자를 유희의 대상으로 볼 수도 있다는 역설이다.

코지 판 투테와 춘향전은 남녀 모두 함께 유쾌할 수 있는 에로티시즘의 휴머니즘을 말하고 있진 않은가?

모차르트는 평민이나 귀족 그 어느 쪽의 편도 아니었다

오랫동안 예술가들의 정치적 입장은 그들의 뜻과는 상관없이 주변에서 더 심한 갈등을 조장시켜 왔다. 예술적 열정과 삶의 궁핍사이의 부조화는 어느 시대나 존재한다. 18세기 후반부터 예술가들은 현실과 타협해서는 안 되고 예술을 위한 예술(절대 예술)을 해야 한다는 의식이 확산되어 갔다. 이는 서구사회의 계몽사상과 형이상학적 가치가 확산되면서 예술가에게 암묵적으로 강요한 퇴폐적인 사상의 영향에 불과하다.

예술을 위한 예술가의 열정은 시대를 초월해 그 창작의 바탕임은 분명하나 예술가가 살아가는 일상생활에서도 24시간 예술적 열정만을 유지하는 예술가는 없다는 사실과 천편일률적인 감정을 이입시킨 예술은 의식 있는 청중으로 부터 쉽게 외면당하는 사실을 간과해서는 안 된다.

예술가의 삶과 예술 사이에 존재하는 부조화는 사실 일반인들의 삶의 일상적인 갈등과 같은 궤를 그리고 있다. 모차르트를 주어로 하여 그가 평민의 편이었는지, 귀족의 편이었는지의 이분법적인 질문은 그가 처한 정치, 사회적인 외적인 상황을 살펴보면 굳이 모차르트가 아닐지라도 누구나 맞닥트리는 현실적 문제다.

모차르트가 활동하던 빈에서는 "빵을 주는 이를 위해 노래하겠다."라는 속담이 있었다. 이는 비단 그 당시뿐만 아니라 오늘날의 예술적 환경을 적나라하게 비유하는 것이다. 모차르트는 평민이건 귀족이건 돈을 들고 오면 환영했다. 그의 작품은 대중가요처럼 개혁을 꿈꾸는 시민계급에게는 이상이었고, 귀족들에게는 오락을 위한 배경음악이었다. 반복하지만 음악가들과 정치권력과의 함수관계는 비단 모차르트에게만 해당되는 것은 아니다.

절대음악의 대명사처럼 여겨지는 불굴의 베토벤도 메테르니히의 환심을 사기 위해 <영광의 순간>을 비롯해 <요제프 2세를 위한 장례음악>, <레오폴트 2세를 위한 대관식 칸타타>, <게르마니아> 등을 작곡했는데 이 곡들은 현실과 타협하지 않는 베토벤의 이미지와는 사뭇 다르다.

동물의 사육제로 유명한 생상스의 오페라 <삼손과 데릴라>는 왕당파 대통령 마크 마옹을 이긴 공화파의 승리를 찬양한 작품이다. 생상스는 공화파 지지자였다. 또한 그의 관현악곡 <알제리모음곡>, <나일강변에서>는 프랑스의 식민정책을 찬양한 곡들이다.

이탈리아 오페라의 거장 베르디도 정치가 카불의 요청으로 국회의원에 출마해서 당선되기도 했는데, 이는 당시 카불이 이끄는 여당이 야당의 공세를 막기 위해 스타 베르디를 방패로 내세웠던 것이다.(참고;『음악과 권력』, 베로니카베치 지음)

알려진 바와 같이 푸치니역시 파시스트를 옹호했다. 그에게 무솔리니에 대해 묻자 푸치니는 "그가 이탈리아를 강력한 국가로 만들고 평화를 가져다 준다면 언제든지 환영"이라고 밝힌 바 있다. 푸치니는 세상을 떠나기 두 달 전 공로를 인정받아 상원의원에 추대되었다.

　음악이 인간의 감성을 자극하는 속성 말고도 그 태생 자체가 다분히 권력 지향적이라 때로는 이용당하기도 하고 반대로 탄압을 받기도 했다. 역사상 가장 악랄했던 음악인에 대한 탄압이 나찌 독일의 히틀러였던 것은 굳이 언급하지 않아도 적나라하게 드러나 있고, 스탈린 치하의 소련도 이와 비슷했다. 비단 전제주의 국가뿐만이 아니었다. 미국 작곡가 아론 코플랜드와 레너드 번스타인은 상원의원 존 메카시의 주도로 작성된 '블랙리스트'에 올랐던 음악가들이다.

　이렇듯 권력에 동조하고, 때로는 유린당하고, 또 때로는 저항하는 음악가의 음악은 그 자체로 역사가 된다. 음악과 현실과의 진정한 조화는 불가능하다. 만일 가능했다면 매번 음악을 통해 인류의 화합을 이룩하자는 구호는 그만 외쳐도 되지 않겠는가?

　하지만 언어는 '거짓말'이 가능하지만 음악은 거짓말을 할 수가 없다. 음악의 원초적인 즐거움은 음악 자체에 있는데 가끔은 사람들이 자신의 메시지를 텍스트화하여 음악과 더불어 해석의 이름으로 남겨놓기도 한다. 호사가들은 모차르트의 마지막 오페라 <마술피리>를 마치 시민사회의 이상에 가장 근접한 작품이라 평가하지만 정작 그 당시 관객들은 마술피리에서 혁명사상을 찾지 않았을 확률이 더 많다. 그 예로 그의 오페라 <마술피리>는 이탈리아어를 이해하지 못하는 그 당시 평민들을 위한 '재미'를 추구한 독일어 작품이었고, 초연 당시 가장 인기를 끈 배역은 마술피리의 대본을 쓴 쉬카네더가 직접 우스꽝스럽게 연기한 파파게노였다.

실제 모차르트는 후대에 얘기하는 것처럼 시민계급의 혁명에 적극적으로 동조하기보다는 당시 사회의 격변에 대해 무서움에 떨고 있었는지도 모른다.

그 당시 프랑스를 점령한 세력이 무시무시한 자코뱅주의자들이었으니 말이다.

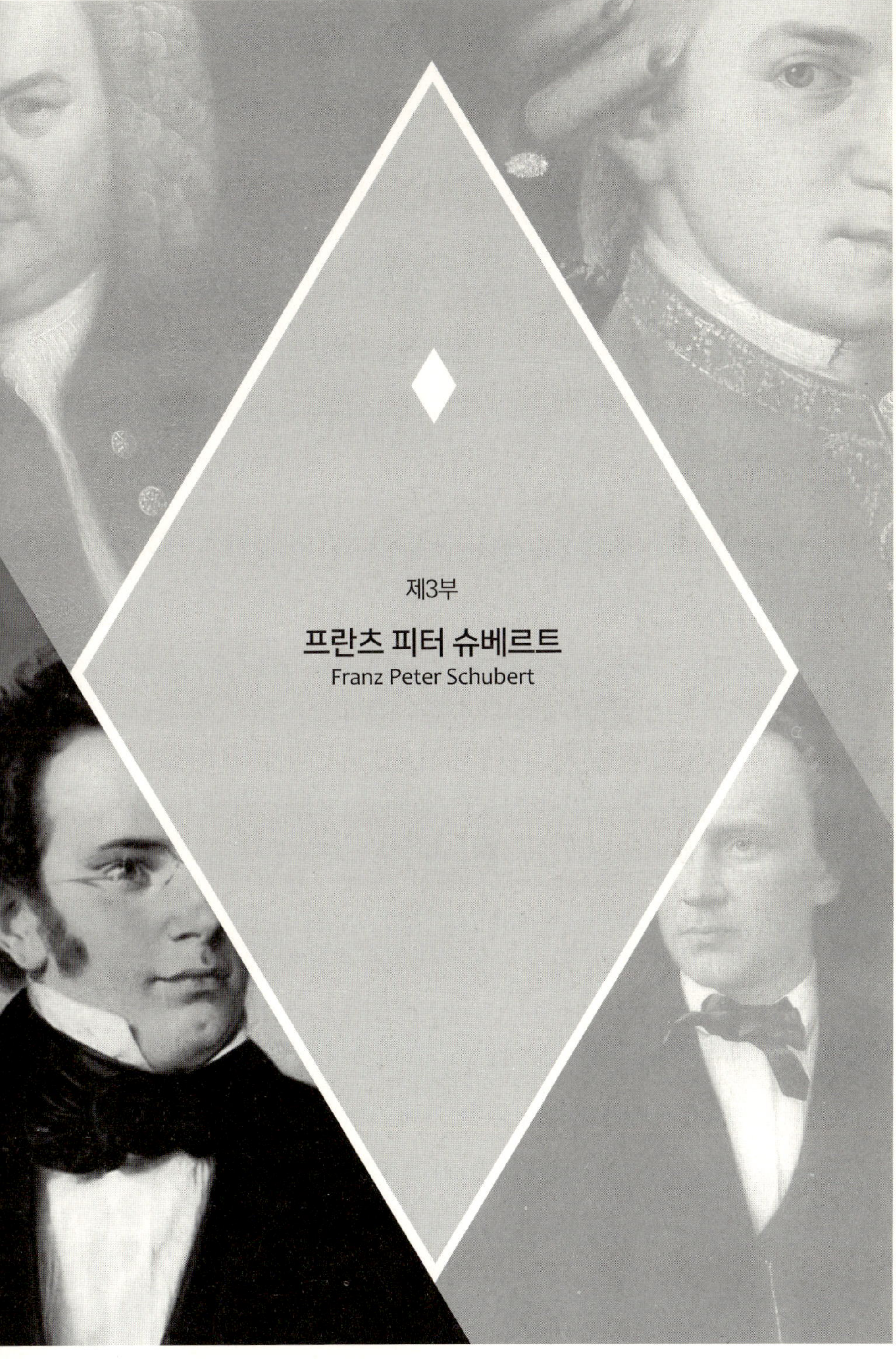

제3부

프란츠 피터 슈베르트
Franz Peter Schubert

프란츠 피터 슈베르트
Franz Peter Schubert, 1797~1828

오스트리아 빈 근교의 리히텐탈Liechtental에서 1월 31일 태어났다. 오스트리아군이 나폴레옹의 군대와 교전했고, 캄포포르미오의 평화조약이 성립되었던 해다. 아버지는 농민 출신 교사로서 후에 학교를 경영했고, 첫 번째 아내와의 사이에 14명의 자녀가 있었는데 프란츠는 넷째였다. 처음에 아버지와 형에게 악기의 기초를 배워 일찍부터 재능을 나타냈고, 8세 때부터는 출생지 교회 오르가니스트 홀처Holzer에게 기초교육을 받았다.

1808년(11세) 왕립 예배당의 소년합창단원으로 슈타트콘빅트Stadtkonvikt에 입학하여 초등교육에서 고등학교까지 이수하고 음악 전문교육도 받았다. 작곡을 살리에리(Antonio Salieri, 1750~1825)에게 배우고, 피아노와 성악도 공부했으며, 학생관현악단에서는 수석 바이올리니스트를 맡았다. 슈파운Spaun 등의 좋은 친구를 만난 것도 이 무렵이어서 프란츠의 음악 열은 더욱 높아졌고, 음악가로 입신하는 데 강력히 반대하던 아버지도 결국은 받아들였다. 이윽고 변성기에 접어들자 아버지의 요청도 있고 해서 1813년(16세) 그리운 슈타트콘빅트를 떠나 아버지를 돕는다. 다시 징병을 피하기 위해 사범학교에 다녔고, 한편으로는 작곡 활동도 본격적으로 펼쳐 간다.

1813년에는 <교향곡 제1번>을 비롯하여 몇 곡의 실내악과 리트를 썼으며, 1814년에는 리히텐탈 교회를 위해 <미사 F장조>를 작곡했다. 미사 초연 때 소프라노를 맡은 테레제 그로브Therese Grob는 그 후에도 자주 슈베르트의 작품을 교회에서 불렀는데, 슈베르트는 어느 사이엔가 이 아름다운 소프라노 가수를 연모하게 되었다. 그러나 그의 내성적 성격 때문에 이 사랑은 끝내 결실을 보지 못하고, 테레제는 다른 집으로 시집을 가 버린다.

1815년(18세)은 슈베르트의 생애 중 다작의 해로 <교향곡 제2번」, <교향곡 제3번>, <현악 4중주곡(실내악곡)> 등의 기악곡 외에 <마왕(성악곡)>과 <들장미(성악곡)> 등의 명작을 포함하여 145곡의 리트를 작곡해 나갔다.

1816년 슈파운이 소개한 시인 쇼버Franz von Schover는 슈베르트를 그의 집에 살게 하면서 보헤미안의 생활을 체험시켰다. 슈베르트는 이 무렵 초등학교 교사를 하고 있었으나 수입이 적어서 징병기가 끝나자 그만두었다. 피아노 교사로서 생활할 것을 결심했지만, 원래 피아노도 교육도 능숙하지 못한 그는 여전히 제자나 친구들의 도움에 의존하는 불안정한 생활을 계속해 갔다.

그렇지만 이 시기에 쓴 <교향곡 제4번>, <교향곡 제5번>이나 <음악에 부쳐(성악곡)>, <송어>, <죽음과 소녀(실내악곡)>(1817) 등의 명작 리트는 어느 것이나 그의 작풍의 완성도와 충실성을 나타내고 있다.

1817년 쇼버에게 소개받은 29세 연상의 요한 포글(Johann Michael Vogl, 1768~1840)은 리트 가수로 활약하던 바리톤으로, 이후 슈베르트의 둘도 없는 친구가 되었다.

1819년(23세) 두 사람은 함께 북北오스트리아를 여행했는데, 여행 중에 피아노 5중주곡 <송어>가 완성되었고, 또 그의 리트가 포글에 의해 처음으로 공개 연주되어 호평을 받았다. 이 좋은 벗의 도움으로 그의 명성은 차츰 높아지고, 슈베르트를 중심으로 한 친구들의 모임 '슈베르티아데Schubertiade'도 결성되었다.

1822년(25세)에는 드디어 악보 출판의 기회가 찾아와 연주회에서 호평을 받은 <마왕(성악곡)>이 Op.1로 출판되었으며, 그 성공에 의해 다시 19곡이 간행된다. 이 해에는 교향곡 제8번(교향곡) <미완성(교향곡)>도 착수되고 있었다.

슈타이어 음악협회 명예회원으로 추천된 답례로 작곡하여 이듬해인 1823년에 협회에 보냈는데, 어찌 된 셈인지 제3악장 이하는 도착되지 않았다. 이 해도 또한 다작의 해로서 <로자문데> 음악의 상연 외에 가곡집 <아름다운 물레방앗간의 아가씨(성악곡)>, <물 위에서 노래한다(성악곡)>, <그대는 나의 안식처(성악곡)> 등을 작곡하여 '슈베르티아데'에서 발표해 나갔다.

그의 건강 상태는 이 무렵부터 눈에 띄게 악화되었으며, 작은 수입으로 생활도 여전히 불안정했지만, 1824년부터 1827년에 걸쳐 현악 4중주곡(실내악곡) <죽음과 소녀>, 가곡집 <겨울 나그네>가 완성되어 명성은 크게 높아졌다. 1827년 3월, 존경하던 빈의 대작곡가 베토벤이 타계하여 그도 횃불을 들고 장례 행사에 참가했다.

9월에는 그라츠를 방문하고 자작의 연주회를 열어 즐거운 나날을 보내면서 <즉흥곡>과 <악흥의 한때> 등 몇 곡을 작곡했다. 이듬해 1828년 3월 자작 발표 연주회는 대성공을 거두어 처음으로 큰돈을 손에 넣었다. 슈베르트는 그 돈으로 빚을 갚고 친구들에게 한 턱을 냈으며, 염원이던 새 피아노를 사느라고 돈을 모두 써 버렸다.

보기 드물게 자신감과 힘을 얻은 그는 <교향곡 제9번>이나 <현악 5중주곡 C장조> 등의 대작을 써내고, 10월에는 하이든의 묘를 참배하기 위한 여행을 떠났다. 그 후 심각한 건강의 악화로 11월부터는 병상에 누웠는데, 16일 티푸스라는 진단을 받고 19일 31세의 생애를 마쳤다. 유해는 본인의 유언에 따라 베토벤의 묘 부근에 매장되었고, 훗날 그 옆에 개장改葬했다고 한다.

슈베르트 작품의 중심을 이루는 것은 600곡에 달하는 주옥같은 리트다. 그의 기악작품도 리트 그 자체 내지는 리트적인 주제에 바탕을 두고 있는 것이 많다. 당시는 문학사에 있어서도 서정시의 시대였는데, 그는 거의 닥치는 대로 시를 작곡해 갔으며, 많을 때는 하루에 8곡을 완성했다고 한다. 인정이 넘치는 보헤미안의 생활에 잠기면서 천부의 재능에 의해 빈 서민생활의 감정을 작품에 반영해 갔던 슈베르트는, 베토벤이 이룩할 수 없었던 일을 거의 무의식중에 성취했다고 할 수 있겠다. 독일 낭만파 음악의 원천이 되었던, 리트 정신의 끊임없는 발로를 여기서 볼 수 있다.

주요작품은 <교향곡 제5번 B플랫장조> <교향곡 제8번 b단조 미완성> <교향곡 제10번 C장조> <피아노 5중주곡 A장조 송어> <현악 4중주곡 제13번 a단조 로자문데 Op.29> <현악 4중주곡 제14번(실내악곡) d단조 죽음과 소녀> <바이올린과 피아노를 위한 소나타 대환상곡 C장조 Op.159> <피아노 3중주곡 제2번 E플랫장조 Op.100> <아르페지오네 소나타 a단조(실내악곡)> <환상곡 C장조 방랑자 Op.15> <즉흥곡 (독주곡)Op.90> <악흥의 한때 Op.94> <3개의 군대 행진곡 Op.51> <가곡집 아름다운 물레방앗간의 아가씨> <가곡집 겨울 나그네> <가곡집 백조의 노래> <마왕 Op.1> <들장미 Op.3의 3> <송어 Op.32> <아베 마리아 Op.52의 6> <그대는 나의 안식처 Op.59의 3> <물 위에서 노래한다 Op.72> <음악에 부쳐 Op.88의 4> <자장가 Op.98의 2> <들어라 들어라 종달새>등이 있다.

◆

슈베르트 음악의 원천,
슈베르티아데

자신을 알아주고 인정해주는 사람이 있다면 늘 그 사람이 보고 싶지 않겠는가? 그에게 경제적인 도움을 받아서가 아니다. 오히려 그 반대일 수도 있다. 아무리 가난해도 버는 돈을 모두 그 만남을 위해 쓸 수도 있다는 말이다.

음악가는 무조건 가난해야 하고, 그런 그들을 도와줘야만 한다는 이분법적 구조로만 역사를 이해한다면 '슈베르티아데'는 그저 그런 음악 동호회일 뿐일 것이다.

1830년대 초반 메테르니히가 통치하던 오스트리아에서는 사람들이 모이는 것 자체가 불법이었다. 황제 프란츠 1세와 메테르니히 내각은 구질서에 반대하는 세력들을 철저히 감시했기 때문에 중상류층 사람들은 속내는 무서움에 떨고 있으면서도, 겉으로는 마치 아무 일도 없다는 듯이 행동했다. 일종의 공황상태였다.

메테르니히가 주도한 이 경찰국가 시대를 '비더마이어bieder meier 시대'라고 일컫는다. 이 말은 당시에 외부 활동은 엄두도 못내고 그저 가정의 틀 안에 갇혀 활기 없고 조용하게 생활해야 했던 오스트리아 시민들을 풍자하는 말이기도 하다.

나폴레옹이 흩뿌리기만 했던 자유는 수습할 수가 없었다. 그 결과 혁명 후 사람들은 제대로 맛도 보지 못한 자유에 대한 갈망과 체제의 구속 안에서 정신적 공황에 시달리고 있었던 것이다. 정치에서 소외된 중간계급은 조촐한 가정음악회를 중심으로 하는 거실 문화에 집중한다. 이러한 시대적 상황에서 슈베르트를 중심으로 만든 모임이 '슈베르티아데'다.

슈베르티아데, 스스로 선택한 내면의 망명 장소

당시 오스트리아에서 여러 사람이 모이는 집회는 불법이었기 때문에 '슈베르티아데'는 당연히 불법단체로 감시의 대상이었다. 하지만 당시 '슈베르티아데'의 멤버들은 정치적 이슈를 피해 슈베르트를 중심으로 한 음악적 목적의 사교모임이었기에 실제로 감시가 심하지는 않았다.

그럼에도 불구하고 1820년 '슈베르티아데' 멤버였고, 친혁명 반동주의자에 무신론자로 몰렸던 인물인 '미하엘 젠'은 오스트리아에서 추방당했고, 슈베르트는 친구 젠이 경찰에 끌려가는 걸 말리다 체포당하기도 했다. 1822년 작곡된 <백조의 노래>가 바로 젠의 시다. 비록 슈베르트는 당시 처벌의 근거가 없어 이틀간의 구류에 그쳤었다. 또 다른 슈베르트의 친구 '아우구스트 하인리히 호프만 폰 팔러스레

벤' 역시 선동적인 집필 활동으로 추방당했다.

이렇게 19세기 초엽의 위태로운 빈 사회에서 '슈베르티아데'는 정치적 발언 대신 슈베르트의 음악과 와인으로 울분을 달래며, 친구들과 우정을 나눈 모임이었던 것이다. '슈베르티아데'로 상징되는 당시 슈베르트 음악은 그가 선택한 자신의 내면으로의 망명亡命이었다. 그것은 비단 슈베르트뿐만이 아니라 슈베르티아데에 속해 있던 모든 이들의 공통된 생각이었을 것이다. 슈베르트는 이 모임에서 친구들에 둘러싸여 방탕한 생활을 즐겼으며 부도덕한 삶 자체를 탐닉했다. 슈베르트가 바로 이 모임의 중심이었기 때문에 그가 죽고 나서 이 모임은 쪼개졌고, 더 이상 재개하지 않았다. 슈베르티아데에서의 슈베르트는 익살맞고 외향적인 모습으로 기억되고 있을 뿐, 내성적이고 수줍은 슈베르트의 모습은 찾아보기가 힘들다. 스스로를 시인-화가라고 불렀던 '모리트 폰 슈빈트(Moritz von Schwind,1804~1871)'는 슈베르트가 죽고 나서 그의 죽음과 더불어 즐겁고 멋진 시간이 사라져 갔음을 아쉬워했다.

사실 '슈베르티아데'를 들여다보면, 친구는 만드는 게 아니라 되어주는 것이라는 걸 몸으로 깨닫게 된다. 슈베르트의 친구들은 음악사상 그 유래를 찾기가 힘들 정도로 연령대와 직업군이 다양한 사람들로 이뤄져 있었는데, 그 가운데서 중심은 늘 슈베르트와 그의 음악이었다. 1820년경에 슈베르트의 음악만을 듣기 위해 시작된 '슈베르티아데'는 일단 한 번 참석하고 나면 모두가 슈베르트의 팬이 될 만큼 매력적인 모임이었다.

'슈베르티아데'에 참석한 사람들을 보면 당시 빈에서 이름 꽤나 있는 지식인들이었다. 예를 들면 학교 동창으로 일생 동안 슈베르트에게 헌신적이었던 법률가 '슈파운'을 비롯해 법률가이면서 시인이었던 '마일호퍼', 오스트리아에서 가장 유명한 화가 '모리츠 폰 슈빈트'와 '레오폴트 쿠펠비저', 극작가 '바우에른펠트', 작곡가 '안셀름 휘텐브렌너', 철학자이며 시인인 '쇼버', 그리고 많은 법률가와 학생들, 예술가들이 그들의 친지들과 여자 친구들을 데리고 '슈베르티아데'에 참석했다.

당시 '티크', '잔 파울', '셸링'과 '슐레겔 형제'와 같은 일단의 낭만주의 작가들은 이 모임이 가장 진보적이라 여기며 자랑스럽게 여겼던 대표적인 이들이다.

슈베르트의 <마왕(魔王, Erlkönig, op.1,D. 328)>도 당시 유명한 음악애호가 가문인 존 라이트너 가의 아들 '레오폴트'와 친구 '휘텐브렌너'를 포함한 몇 명이 공동으로 자비 출판하여, 당시에 아무도 관심 없던 무명의 슈베르트를 세상에 알리는 지대한 역할을 하였다.

무엇보다 슈베르트를 알리는 데 결정적인 역할을 한 것은 당시 빈 최고의 슈퍼스타 바리톤 '미하엘 포글'이었다. 그는 무명 작곡가였던 슈베르트의 작품들을 공개적으로 노래함으로써 오스트리아 전역에 슈베르트를 알리게 된 것이다. 지금으로 본다면 방송 3사의 공중파를 집중적으로 탄 것과 다를 바 없었다. 당시 포글은 50세, 슈베르트는 21세였지만, 그들은 나이를 떠나서 인격적으로나 음악적으로 진실한 우정을 나눈 친구였다.

슈베르트에게는 여타의 음악가들에게 흔히 거론되는 여자들과의 스캔들은 찾아볼 수가 없지만, 친구들과의 이야깃거리는 몇 권의 책으로도 다 못할 만큼 풍부하다. 슈베르트에게 친구는 그의 짧았던 생애 동안 한시도 멈추면 안 되고 또 멈추지 않았던 생명의 맥박이었다. 고독에 대한 처절한 외면만큼이나 슈베르트는 친구들과의 놀이를 즐겼고 우정을 소비했으며 진심으로 그들에게 헌신적이었다.

'슈베르티아데'로 대표되는 슈베르트의 친구들이 슈베르트에게 보낸 관심과 열광이 그의 음악을 이 시대에까지 남게 한 놀라운 원천이자 원동력이었다는 것을 아는 사람이 몇이나 될까.

◆

슈베르트에게
죽음이란 무엇이었을까?

슈베르트의 리트(Lied ; 낭만주의 시대에 꽃피었던, 일반 가곡보다 한 단계 높은 차원의 예술가곡)에 담긴 '우울'과 '죽음'의 상징은 개인적인 삶의 무력감을 넘은 그 이상의 정서였다. 이는 작곡가가 철학적으로 죽음에 대해 깊이 생각했을 것이라는 명제와 함께 당시 죽음이 사회적으로 흔한 일이었다는 것을 방증하는 단서이기도 하다.

가령 <죽음과 소녀>를 예로 들어보자. 이 가곡은 한 페이지 분량의 짧은 가곡이지만, 성악 파트의 '소녀'와 피아노 파트의 '죽음'이 매우 극명하게 나타나 있다.

성악 파트에서 '소녀'는 공포에 질려 있다. 그로 인해 그녀의 소리는 짧고 자주 끊어진다. 그녀의 공포는 증가하는 멜로디 라인과 빠르게 반복되는 반주의 수식에서도 나타난다. 이에 반해 피아노 파트 도입 부분에 등장하는 '죽음'은 느리고 완만하게 나타난다. '죽음'은 '소녀'보다 더 낮은 음역에서 느리게 얘기하고, 끊이지 않는 긴 리듬으로 자신이 누구인지 말하고 있다.

소녀 : 나는 아직 어려요. 그냥 지나가 주세요.

죽음 : 나는 친구란다. 괴롭히러 온 것이 아니야. 내 팔 안에서 꿈결같이 편히 잠들 수 있단다.

가사와 피아노 파트는 평화와 영원한 휴식을 제공하는 포근한 안식처로 '죽음'을 묘사한다. 여기서 '소녀'의 죽음은 분명 <마왕>에서의 소년의 죽음과는 다르다. 가곡 <마왕>에서 묘사된 죽음의 전령인 마왕은 어딘지 교활하고 공포恐怖스럽다.

죽음과 소녀의 도입부는 '죽음'에 대한 회피와 그에 대한 불가피함을 얘기하고는 있으나, 이내 음악적 리듬의 고요한 진행이 '죽음'에 대한 두려움을 제거한다. 수많은 철학자가 얘기한 '죽음'은 삶으로부터의 해방이라는 어려운 말보다 훨씬 간결하다.

'죽음'의 언어는 D와 F조의 단조음이다. 이는 '모차르트(Wolfgang Amadeus Mozart, 1756~1791)'의 오페라 <돈 조반니>에 나오는 코멘다토레Comendatore나 '글룩(Christoph Willibald Gluck, 1714~1787)'의 <알체스테 Alceste>에 나오는 신의 사제의 단조로운 낭송과 매우 흡사하다.

슈베르트가 살던 시대는 죽음이 매우 빨리 왔고 그만큼 익숙했다. 슈베르트는 15세에 어머니가 돌아가셨고, 16명의 자식들 중 13번째였으나 거의 죽고 5명만 살았다. 그래서인지 그의 작품 중 50여 곡이 직·간접으로 죽음을 다루고 있다.

'죽음'과 '우울', 그리고 단절된 그의 음악

슈베르트 리트에 담긴 '우울'과 '죽음'의 상징은 개인적인 삶의 무력감을 뛰어넘은, 그 이상의 정서임을 결코 잊어서는 안 된다. 그것이 철학적 명제든, 당시의 사회적 분위기든 말이다. 그의 가곡을 들여다보면 형식적으로 대부분 깨진 단절斷切이 존재한다는 것을 알 수 있다. 그리고 종종 종지화음에 등장하는 아르페지오는 그의 전통적인 작곡 기법이다. 가령 그 유명한 <보리수 Der Lindenbaum>를 보자.

Am Brunnen vor dem Tore　　　성문 앞 우물가에

da steht ein Lindenbaum　　　보리수 한 그루 서 있네

ich träumt' in seinem Schatten　그 보리수 그늘 아래서

so manchen süßen Traum　　　나는 그리도 많은 단꿈을 꾸었지.

이렇게 첫 구절에선 전원적인 느낌이 물씬 풍기다가, 아래와 같은 다음 구절에서 갑자기 모든 것이 돌변하여 아름다운 꿈이 찢겨가고, 마치 팬텀(오페라의 유령)이 가면을 벗어던진 듯 흉하고 세속적인 현실이 남는다. 하지만 그는 초연하리만큼 침착하다.

Die kalten Winde bliesen　　　찬 바람 세차게 불어와

Mir grad ins Angesicht　　　얼굴을 무섭게 스치고

Der Hut flog mir vom Kopfe　모자가 바람에 날려도

Ich wendete mich nicht　　　나는 꿈쩍도 안 했네

다른 작품으로, <겨울 나그네 Die Winterreise> 중 <봄의 꿈 Frühlingstraum>에는 봄날의 아름다운 이미지와 차갑게 현존하는 겨울의 표정이 서로 강하게 대조된다. 한겨울에 봄이 헐벗고 있는 듯하다. 꿈에 대한 그의 묘사는 겨울은 현재로 봄은 미래로, 서로 교차하며 순환적으로 바뀐다. 빌헬름 뮐러의 원작原作 시를 살펴보자(독일어 원문 생략).

봄의 꿈

나 꿈속에서 찬란하게 핀 꽃을 보았네

저 화창한 오월처럼

나 꿈속에서 푸른 들판 잔디를 보았네

새들이 즐거이 지저귀는

닭이 울어 잠에서 깨어 보니

어둡고 추운 밤

지붕 위의 까마귀 소리쳐 울고 있네

유리창에 꽃잎을 그린 건 누구였을까?

한 겨울 품은 꽃의 꿈을

그대는 비웃은 것인가?

나 꿈속에서 사랑을 속삭였네

아름다운 아가씨와

마음으로 그리고 입맞춤으로

그리고 더할 나위없는 기쁨과 축복으로

닭이 울어 마음이 깨어지니

나 홀로 여기 앉아

그 꿈에 잠기네

두 눈을 다시 감았간만

마음은 아직도 따뜻하게 고동치고?

창문가 꽃잎은 언제 피어나려나?

나는 언제 내 님 품에 안기려나?

슈베르트가 음악 속에서 이 시를 어떻게 표현했는지 살펴보자. 이 곡의 다이나믹은 p에서부터 mf로 이어지다 pp로 끝나는 활 모양처럼 되어 있고, 멜로디 라인은 부점과 장식음을 사용해 꿈을 생동감 있게 묘사하고 있다.

(※3도권 화음의 다양하고 변형된 형태들은 낭만후기의 반음계적 화성을 예고하는 색채 변화를 목적으로 하는 당시 슈베르트 음악의 상징으로 볼 수 있으며, '하인리히 쉔커(Heinrich Schenker, 1868~1935, 음악 이론가)'의 표현을 빌자면 3도권 화음은 으뜸화음 현상의 분할자 역할, 또는 으뜸화음이 시간의 흐름 속에서 단계적으로 펼쳐지는 현상이다.)

이 곡에서 음정 간의 커다란 도약은 멜로디의 유연한 흐름을 거칠게 만들며, 2도 화음의 부딪힘은 까마귀의 울음을, 화음의 반음계적 변화와 옥타브 도약은 수탉의 울음을 묘사하고 있다.

피아노 파트는 가사 마지막 행에서 다소 공격적으로 4옥타브를 반복하며 화음을 이루는데 이는 a minor로 전조되며, 조성의 변화와 화음의 반음계적 변화를 통해 날카롭게 메아리쳐온다.

멜로디 라인은 선율적으로 노래되다 3번째와 6번째 절 꿈을 애기하는 대목에서 대립하며 평온함은 사라진다.

6/8 박자 Etwas beweget(Poco animato)에서 2/4 박자 Langsam(Lento)로의 템포 변화는 허무한 체념이며, 피아노 파트는 무거운 Portato(레가토와 스타카토의 중간)로 이어진다.

저음부에서는 16분 쉼표, 16분 음표와 8분 음표들이 마치 절뚝거리듯이 지나간다. 피아노 파트는 지나칠 만큼 조심스럽다. 여기서 꿈은 다시 돌아갈 수 없는 곳이 되며, 조성은 불명확하다. 원작 시에 나타나는 인생의 질문에 대한 슈베르트 식 답변이라고 할 수 있다.

그러나 결말에 이르러 슈베르트는 다시 희망을 품어 나가려 하지만 다분히 냉소적이다. 종지화음을 전통적인 아르페지오로 장식하면서도, 종전의 a minor는 더 이상 등장하지는 않는다. 그리고 슈베르트가 즐겨 썼던 이 아르페지오을 통해 그가 당시에 피아노가 아닌 기타로 대부분 리트를 작곡했을 수도 있다는 점을 조심스럽게 추측하기도 한다.

여기서 주목해야 할 점은 지금 시점에서 애기하는 슈베르트의 가곡이 성부와 피아노 파트의 완벽한 2중주라는 말에 대한 것이다. 과연 슈베르트가 살아있을 때도 그러했을까? 한번쯤은 의문을 가져 볼 만도 하다. 피바디 음악원 출신의 음악학자 고렐의 말을 인용한다.

"작곡가들이 그들 노래의 반주악기로서 피아노를 사용한 것은 19

세기 후반이었다. 서정시의 홍수와 더불어 피아노는 19세기 후반부에 가곡이 성장 할 수 있는 새로운 토대를 제공하면서 사용되었다.”(The Nineteeth-Century German Lied, Lorraine Gorrell)

다들 아시다시피 슈베르트는 1828년에 사망했다. 실제 기록에 따르면 슈베르트는 죽기 8개월 전에 비로소 자신의 피아노를 장만한다. 이는 세간에서 얘기하는 것처럼 슈베르트가 피아노를 살 돈이 없어서라기보다는, 당시 슈베르트가 작곡하는 데 있어서 굳이 피아노를 많이 활용하지 않았음을 보여주는 것이기도 하다. 사실상 피아노가 예술적인 악기로 음악사에 등장하는 것은 ‘쇼팽’ 이후다.

슈베르트가 반주 악기로서 피아노를 중요시하지 않았을 것으로 보이는 이야기도 있다. 물론 본인이 피아노에 능통하지 않았던 탓도 있겠지만..<마왕>이 작곡되던 해(1815년), 이 곡이 비공식적으로 초연됐을 당시에(공식 초연은 1821년 1월 25일 빈 악우협회) 본인이 직접 <마왕>의 피아노 반주를 맡았는데, 당시 그는 8분 음표로 된 셋잇단음표가 너무 어려워서 모두 생략하고 쳤다고 한다. 그뿐 아니라 1816년에는 아예 본인이 직접 <마왕>을 반주하기 위해 다른 버전의 단순한 <마왕>을 작곡하기도 했다.

이렇듯 슈베르트의 일부 리트에는 이와 같은 음악적인 단절이 언제나 존재하고, 행과 행 사이의 쉼 부분이 때로는 흐르는 부분보다 더욱 아름다우며 시적이다. 그리고 시가 지닌 분위기를 파악하는 데 있어서 슈베르트의 재능은 그 어느 작곡가보다 뛰어나다.

이 시대의 사람들은 과연 슈베르트와 그의 음악을 어떻게 그리고 있을까? 그저 감상은 ‘나만의 몫’이라 단정하고 주입된 사실 안에서 너무 성급하게 그의 음악을 정의하고 난 뒤, 다시는 거들떠보지 않는 건 아닐까? 음악 속에 담긴 내용적·형식적 장치들을 이해한다면 그의 음악을 더욱 풍부하게 향유할 수 있으시리라!

◆

슈베르트의
짧은 생애와 그의 내면

이 시대를 고통스럽게 살아가는 음악가音樂家들에게 31년이라는 슈베르트의 짧았던 생은 어쩌면 부러움일 수도 있겠다 싶다.

일반적으로 지독하게 가난한 음악가의 대명사로 알려진 그였지만, 그의 가난과 청빈은 실제로 슈베르트의 이미지를 홍보하기 위한 후대의 계산된 얘기다.

그의 나이 18세가 되던 1815년 한 해에만 145곡의 가곡을 썼지만, 슈베르트는 돈과는 인연이 없다가 1822년 그가 매독에 걸린 이후 돈을 벌기 시작했고, 죽기 8개월 전인 1828년 3월 처음으로 자신의 피아노를 샀다. 그렇게 딱 31년 세상과 살다갔다.

산업혁명과 시민혁명의 세례를 받은 19세기 프리랜서 음악가들을 얼핏 보면 교회와 궁정의 속박에서 벗어난 자유인처럼 보이지만, 일부를 제외하고 대다수의 생계는 위협적인 수준이었다. 그때나 지금이나 소위 자유로운 음악가의 생계가 위태로운 것은 마찬가지다.

하지만 슈베르트의 결핍은 정작 경제적인 어려움에 있지 않았다.

비록 슈베르트의 음악을 들으려고 모인 '슈베르티아데'의 친구들 대부분은 그를 인간적으로 좋아했던 건 사실이었지만, 그가 지닌 위대한 음악성을 알아본 것은 정작 몇 되지 않았다.

슈베르트는 음악 이외에 어떤 것도 천성적으로 집착하는 성격이 아니었다. 그의 내면의 고독은 친구들과의 왁자지껄한 우정 속에 늘 묻혀 버리기 일쑤였으니까……. 그는 우정을 나누는 친구들의 장점은 아무리 사소한 것이라 할지라도 칭찬했지만, 잘난 체하는 유명인들에게는 무뚝뚝했고 함부로 대했다. 그가 친구들과 나눴던 우정은 내면의 깊은 고독을 감추기 위해 필요한 자양분이었는지도 모른다.

페이스북이나 카카오스토리, 블로그 등 이미 사회적 관음과 과시의 노출이 보편화된 시대에 슈베르트가 있었다면 스스로의 소외감을 극복하고 타인의 시선을 끌기 위해서라도 집요하게 SNS에 집착했을 것이다.

슈베르트의 내면적 파토스가 짙게 깔린 <겨울 나그네>에서 보이는 '낭만주의'는 부정적이고 치명적이며 병적인 정서를 의미하는 것이 아니라, 오히려 삶에 대한 강렬한 애착愛着의 표현이며 그의 내적인 고독은 자신과 주변 사람들의 관심에 대한 외침이었고 간절한 포옹의 외침이었다. 한창 때의 슈베르트는 자신의 외모 콤플렉스를 극복이라도 하듯 외모에 상당히 신경을 쓴 멋쟁이였다. 동그란 안경에 검정색 스카프를 멋지게 매고 있는 그를 여러 초상화에서 쉽게 볼 수 있다. 미국 젊은이들이 흔하게 쓰는 용어 중 '스웨그got swag'라는 표현이 있다. 이 말은 '멋지다'는 표현보다는 '뻐기다'는 뜻이 더 강하고 허세를 부리는 의미도 포함되어 있다. 자신을 표현하고 자랑하고 싶은 욕구는 단지 젊은이들만의 트렌드는 아니다. 세대를 초월해서 자신만의 주관적인 '뻐김질'은 존재한다. 슈베르트도 충분히 자신을 드러내고 싶어 했다.

슈베르트는 세간의 평가처럼 유약한 것이 아니라 냉소적이었다고 보는 게 타당할 듯싶다.

슈베르트가 남긴 일기에 다음과 같은 구절이 있다.

"나는 이대로가 좋다. 나는 그저 작곡하기 위해서만 이 세상에 태어났으니까…."

제법 많은 돈을 벌었지만, 정작 돈에는 관심이 없었다

세간에서는 슈베르트가 지독한 가난 속에서 친구들의 도움으로 창작 활동을 하다 간 것으로만 얘기하는데, 이는 슈베르트의 삶에 대한 모독에 가까운 왜곡이다.

슈베르트는 자신의 인기와 부를 위해 그의 예술적인 기준을 타협하지는 않았다. 그의 친구인 '요셉 폰 슈파운'은 아무리 중요한 후원자가 개최하는 공연이라 할지라도 슈베르트는 종종 참석하지 않았다고 밝힌 바 있다. 그리고 음악 출판가들이 슈베르트의 가곡 반주가 어려우므로 명성과 부를 위하여 쉽게 작곡할 것을 제안하기도 했으나, 슈베르트는 "누군가의 작품을 연주할 수 없다면 그냥 내버려두는 게 낫겠지요."라는 답을 했다고 기록되어 있다.(The Nineteeth-Century German Lied, Lorraine Gorrell)

그 예로 슈베르트의 가곡 600여 곡 중 187곡, 21곡의 피아노 소나타 중 3곡, 19곡의 현악4중주 곡 중 1곡, 9곡의 교향곡과 5중주, 그리고 10편의 오페라들 중 단 한 곡도 그의 생전에 발표되지 않았다.

이는 동시대에 많은 인기를 누린 작곡가 '슈포어(Louis Spohr, 1784~1859)'의 작품 대부분이 발표된 것과는 분명한 대조를 이룬다. 사실 슈포어는 가곡을 예술작품이라고 생각하기보다는 자신을 후원해주는 사람들의 집에서 즐기는 오락거리 정도로 생각했다.

슈포어뿐 아니라, 당시 슈베르트보다 두 배의 가곡을 썼던 '요한 프리드리히 라이하르트(Johann Friedrich Rei´chardt, 1752~1814)' 역시 가정에서 즐기는 오락 수준의 가곡들을 작곡했다. 이는 슈베르트와 슈포어, 그리고 라이하르트에 대해 작곡가로서 윤리적인 태도를 비교하는 일반적인 기준은 아니다.

오히려 그보다는 당시에 가곡의 주요 고객들은 아마추어였기 때문에 그들의 제한된 능력에 맞춰 곡을 쓸 수밖에 없는 시대 상황을 이해할 필요가 있다는 의미다.

슈베르트는 사실상 음악의 역사에서 가곡으로 표현할 수 있는 무한한 가능성의 세계를 열어준 최초의 작곡가였다. 이러한 사실은 당시 슈베르트의 가곡을 찬양하다시피 하며 모인 인텔리겐차들의 모임인 '슈베르티아데'에서 정작 슈베르트 본인은 관심을 보이지 않은 작품들의 출판을 몇 친구들은 적극적으로 추진하였고, 그로 인해 적지 않은 수입을 올렸음에도 불구하고 정작 슈베르트는 부와 명예를 초연하게 여겼다.

예술가가 가난하다고 그의 예술이 깊어지는 것도 아니고, 예술가가 부자라고 해서 예술이 고통스럽지 않을 하등의 이유도 없다. 돈과 예술의 상관관계는 사실 후대에 만들어낸 마케팅 이미지일 뿐이다. 역사에 남은 많은 음악가들 중 대부분은 당시에 스타였고, 사실 거의 돈에 관해서는 여유로운 경우가 많았다.

다분히 의도적으로 가난과 청빈淸貧의 대명사로만 알려진 슈베르트는 사실 처절하게 가난하지는 않았다. 사람들은 예술의 본질을 얘기하기보다 예술가의 청빈이나 예술가의 사생활, 특히 여성들과의 스캔들에 촉각을 세운다. 이런 스캔들은 예술가가 만들어낸 작품의 본질엔 애초에 관심조차 없고, 3류 저널리즘과 천박한 자본 간의 오르가즘 없는 동거일 뿐이다. 돈과 예술의 관계도 그렇다.

슈베르트가 막 활동하던 초기에는 소위 '금수저'를 물고 태어난 팔자가 아닌 사람들이 다 그렇듯 어려움이 있었다. 슈베르트가 <마왕(魔王, Erlkönig, op.1,D. 328)>을 작곡한 게 1815년(18세)인데 그때까지는 경제적으로 힘들었다. 시대적 상황을 고려하더라도 18세 때 경제적으로 좀 힘들었다고 그리 호들갑을 떨 필요는 없다.

그로부터 6년 후인 1821년에는 슈베르트도 어엿이 빈 음악애호가협회 회원이 되어 자신의 작품 출판과 연주를 통해 꽤 괜찮은 수입을 올렸다.

슈베르트 연구가 오토 비버에 의하면, 1821년에서 1822년 한 해 동안만 작품 1~7번, 10~12번을 출판해 2,000굴덴을 벌어들였다고 한다. 2,000굴덴이 얼마인지 쉽게 환산이 안 되시는 분들이 대부분이실 테니, 당시 고위 공무원들의 연봉을 보시면 슈베르트가 평생 가난에 시달렸다는 게 얼마나 어처구니없는 얘기인지 짐작하실 것이다.

①정부의 서기관-연 수입 500굴덴 ②우정성 직원-연 수입 400굴덴 ③궁정악장(10년 근무 후)연 수입 2000굴덴 ④부르크 극장의 악장-연 수입 560굴덴 ⑤사범학교 교사-연 수입 500~700굴덴.

슈베르트가 1년 동안 받은 출판료가 2000굴덴이고, 작품을 귀족 등에게 헌정할 경우 별도의 헌정료를 받았다. 구체적인 기록에 따르면 <작품 2의 가곡>을 '플리스 백작'에게 헌정하여 200굴덴을 받은 바 있다.

1821년 이후의 슈베르트, 그러니까 그의 나이 24세 때부터 오늘날 4급 공무원인 서기관의 4~5배의 연 수입을 올렸고, 또 그는 자신이 번 돈을 친구들에게 아낌없이 베풀 줄도 알았다.

사실 슈베르트가 가난했다는 왜곡된 사실이 더 가슴 아픈 것은, 오늘날 청빈을 이유로 예술가에게 가난을 강요하는 사회의 논리이며, 어쩌면 그 묵시적 강요보다도 무서운 건 현재를 살아가는 예술가들이 경제적으로 얼마나 힘든 삶을 살아가는지에 관심조차 없는 시선일 것이다.

$$\blacklozenge$$

슈베르트의 <마왕>에
숨겨진 비화

마왕 魔王, Erlkönig, op.1,D. 328

슈베르트의 <마왕>은 1815년 그의 나이 18세에 만들어졌다. 슈베르트는 600여 편에 이르는 자신의 가곡에서 대부분 동시대 작가, 시인들의 텍스트를 사용했고 특히 가장 큰 영감을 준 괴테의 시에 70여 편의 음악을 붙였다. 슈베르트의 첫 번째 가곡 <물레 감는 그레트헨> 역시 괴테의 <파우스트>에서 영감을 받아 작곡한 것이다. 가곡 <마왕> 역시 1782년에 창작된 괴테의 시를 원작 텍스트로 삼은 곡이다.

괴테가 덴마크 설화로 전해지는 '마왕 이야기'를 처음 접한 것은 독일의 문학가 헤르더(Johann Gottfried von Herder, 1744~1803)가 덴마크의 설화를 번역한 <마왕의 딸 Erlkönig Töchte>이라는 작품을 통해서였고, 괴테는 여기서 영감을 받아 시를 썼다고 한다. 또한 이 시는 1782년 발라드 오페라인 <어부의 부인 Die Fischerin>의 일부로도 사용되었는데, 극 중 등장인물인 도르첸이 떠나간 아버지와 신랑을 기다리며 부르는 노래로 오페라에 등장한다. 당시에는 오페라의 도입을 알리는 작품으로 사용되었고 지금처럼 독립 가곡 형태로는 연주되지 않았다.

이후 괴테의 시 <마왕>은 괴셴Göshen출판사에서 8권으로 출간된 괴테의 공식적인 첫 작품집으로 출판되었다. 슈베르트가 괴테의 시를 가지고 작곡할 당시의 일화는 슈베르트의 절친한 친구였던 요제프 폰 슈파운 Joseph von Spaun의 서술을 통해 다음과 같이 전해지고 있다.

"1815년 12월의 어느 오후에 당시 힘멜포르트그룬트에 아버지와 함께 살고 있는 슈베르트를 방문했다. 그는 괴테의 시 <마왕>을 흥분 상태에서 큰 소리로 읽고 있었다. 책을 한 손에 들고 몇 번이고 방안을 서성거렸고, 그 후에 급히 의자에 앉아 무서운 속도로 이 곡을 오선지에 써내려갔다."

이 시에서는 4명의 인물이 등장한다. 전반적인 상황을 설명해주는 해설자, 삶과 죽음을 넘나드는 아이, 그리고 아픈 아이를 데리고 어두운 밤을 달리는 아버지, 그리고 병든 아이를 데려가기 위해 끊임없이 유혹하는 마왕이 이 작품을 구성하는 인물들이다. 슈베르트는 자신의 작품에서 여러 가곡의 형식을 도입했는데 특히 <마왕>에서는 통절 형식(몇 절로 된 가사이든 가사의 처음부터 끝까지 다른 가락으로 노래하도록 만든 작곡 형식)과 대화체를 사용하여 텍스트에 등장하는 극적인 상황을 더욱 생생하게 드러낸다. 이 곡은 한 명의 가수가 목소리를 바꾸어 세 인물의 판이한 성격과 상황을 묘사하는 작은 음악극으로 볼 수 있다. 그러므로 해석에 있어서 상당히 심도 있는 분석이 필요하다.

슈베르트는 가수에게 필요한 연기력 이외에도 이 작품의 생생한 내러티브 전달을 위해 여러 장치들을 마련했다. 예를 들어 서주의 반주부에서 등장하는 셋잇단음표는 아픈 아들을 데리고 어두운 밤을 달리는 말발굽 소리를 상징한다. 위로와 힘을 실어주는 아버지의 음성에서는 저음을, 공포에 질린 아들의 떨리는 음성에서는 고음을 사용한 것이 캐릭터의 심리 묘사를 하고 있으며, 음악적 상황을 매우 효과적으로 드러내고 있다. 또한 마왕의 음성이 나타나는 부분에서는 말발굽 소리가 들리지 않도록 처리함으로써 마왕이 환상 속에서 아이를 점차적으로 지배해 가는 모습을 효과적으로 나타냈다.

우리가 말하는 슈베르트는 오스트리아의 빈에 살고 있었고, 동시대 동명이인으로 독일 드레스덴에 사는 슈베르트도 있었다.

이 <마왕(魔王, Erlkönig, op.1, D. 328)>이 출판되기까지는 당시 같은 이름을 가진 2명의 슈베르트로 인해 웃지 못 할 해프닝이 있었고, 또한 그 당시 무명의 슈베르트를 인정하고 끝까지 후원해준 '슈베르티아데' 모임 친구들의 지지支持 덕분에 이 곡이 세상에 알려졌기에 그 일화를 소개하고자 한다('슈베르티아데'란 이름을 공식적으로 사용한 것은 1821년 <마왕>의 출판 이후부터다).

슈베르트는 1815년 <마왕>을 작곡한다. 18세 때였다. 작곡 직후 슈베르트의 이 곡은 사적인 자리에서 매우 많이 불렸다. 이에 고무돼서 슈베르트의 친구이자 후원자인 9세 연상의 '요셉 폰 슈파운'이 1816년 독일 '브라이트코프 운트 헤르텔' 출판사에 이 곡의 출판을 의뢰한다. 그러나 이 곡을 처음 접한 출판사에서는 <마왕>이 난해하고 인기를 끌기 어려울 것이라 생각해 작곡가에게 악보를 돌려보냈다.

그러나 악보는 우리가 아는 빈에 사는 슈베르트가 아니라 드레스덴에 살던 슈베르트란 이름의 동명이인同名異人에게 전달됐다. 빈에 사는 우리의 슈베르트는 당시 완전 무명無名이었기 때문이다.

출판사에서 반송한 악보를 받은 독일 드레스덴의 슈베르트는 '프란츠 안톤 슈베르트(Franz Anton Schubert, 1768~1827)'로 실제 <마왕>을 작곡한 '프란츠 페토 슈베르트(Franz Peter Schubert, 1797~1828)'와 중간 이름만 달랐던 드레스덴의 궁정음악가였던 것이다.

당시 마왕의 악보를 받았던 동명이인의 슈베르트는 누가 자기 이름을 도용해 출판사에 곡을 보낸 것으로 알고 대단히 분개해 1817년 4월 18일 출판사에 한 통의 편지를 쓰게 된다.

"제가 10일 전에 귀사로부터 한 통의 편지를 받았는데, 제가 작곡했다고 되어 있는 괴테의 시에 의한 <마왕>의 악보가 있었습니다. 대단히 놀랐고 이 칸타타는 제가 작곡한 것이 아니라는 것을 알려드립니다. 대체 누가 이런 졸작을 귀사에 보냈는지 알기 위해, 그리고 또 저의 이름을 이런 식으로 더럽힌 자를 알기 위해 이 악보는 제가 보관하고 있겠습니다."

드레스덴의 동명이인의 슈베르트도 괴테의 산문시에 붙인, 당시에는 파격적인 이 곡을 칸타타라 칭할 정도로 <마왕>의 가치에 대해 몰랐고, 유명한 출판사였던 '브라이트코프 운트 헤르텔'사 역시 그 가치를 모르긴 마찬가지였다.

하지만 슈베르트의 진가眞價를 일찍이 알고 그를 후원해 주었던 친구들('슈베르티아데')은 이 <마왕>의 출판을 포기하지 않았다. 슈베르트의 친구이자 법률가였던 '레오폴트 존 라이트너'는 빈의 출판사 '슈타이나'사에게 또 다시 <마왕>의 출판을 의뢰했으나, 작곡가가 무명인 데다 피아노 파트가 너무 어렵다는 이유를 들어 또 다시 거절당했다.

그래서 집안 전체가 슈베르트의 팬이었던 존 라이트너가 생각했던 방식은 소위 예약출판이라는 것이었다. 이때 존 라이트너를 중심으로 평론가 '요셉 휴텐부렌나', 테너이며 비올리스트(빈 악우협회)였던 '요한 세나우아', 바이올리니스트(빈 악우협회)였던 '요한 네포무크 샌 피히라' 등 3명이 함께 자금을 조달하여 출판사 '카피 운트 디아베리'사에 예약출판을 의뢰함으로써 <마왕>이 세상에 나오게 된 것이다. 1820년 12월 1일 존 라이트너의 아버지 집에서 이미 100부의 예약을 받았다고 기록되어 있다.

이렇게 고마운 친구들이 없었다면 당시 음악의 수도라고 자처하던 빈에서도 무명 작곡가 슈베르트의 <마왕>은 출판되기가 어려웠을 것이다.

그 이후 1821년 3월 21일 빈의 일반 음악신문에 당시의 뛰어난 스타 가수였던 바리톤 '미하엘 포글'이 부른 이 <마왕>에 대한 기사가 실려 있다.

"슈베르트의 <마왕>은 명가수 포글의 낭송풍의 연주로 그의 위대함을 나타냈다. 이 음악은 많은 판타지를 가지고 있다."

사실 슈베르트보다 29살 연상의 바리톤 포글을 슈베르트에게 소개시켜 준 사람은 1817년 초 슈베르트가 광적으로 좋아했던 귀족 출신의 철학가 겸 시인으로 <An die Musik> 등의 가사를 쓴 '프란츠 쇼버'였다.

친구들의 노력으로 드디어 1821년 4월 2일자 빈 신문에 슈베르트의 <마왕> 출판 광고가 실렸고, 같은 해 4월 26일 드레스덴의 석간 신문에는 "젊고 재능이 풍부한 작곡가 슈베르트가 작곡한 몇 개의 리트(Lied ; 낭만주의 시대에 꽃피웠던 일반 가곡보다 한 단계 높은 차원의 예술가곡)는 이곳에서 대단한 센세이션을 불러일으켰다. 특히 호평 받은 것은 <마왕>이며, 이 곡은 포글의 독특한 노련미로 불렸기 때문이었다."라는 기사가 실렸다.

이때 슈베르트의 나이 24세였다.

무명의 슈베르트는 인텔리겐차였던 친구들의 혜안과 그들의 적극적인 도움으로 가는 곳마다 갈채를 받으며 음악사상 예술 가곡의 한 획을 긋는 결과물을 남기게 된 것이다.

◆

슈베르트가 오페라로 풍자한
금욕생활, <모반자들>

전쟁터에 남편을 보내 놓고 집에서 오랜 세월 독수공방을 해야 하는 아내들의 금욕생활을 재치 있게 풍자한 슈베르트의 오페라 한편이 있다.

결혼한 지 오래된 나이 많은 남자 분들이 전쟁터 나갈 리는 없을 테고, 주로 젊은이들이 그 임무를 수행하러 나가 있을 텐데, 그동안 소홀히 하게 되는 상열지사相悅之事가 문제가 되는 것은 동서고금이 딱히 따로 없는 듯하다. 이 성스런 가정사家庭事를 코믹하게 풍자해 놓은 슈베르트의 단막 오페라(징슈필, Singspiel, 독일어로 '노래의 연극')가 한 편 있는데 바로 <모반자들 Die Verschworenen>이다.

슈베르트야 어려서부터(약 14세부터) 죽기 바로 1년 전까지(그래봐야 31년 인생이지만) 늘 꿈꾸던 장르가 오페라였다. 실제로도 그의 무대 작품은 미완성까지 포함하면 10여 편이 넘지만, 그리 주목받지도 못했고, 사실 가곡에 비해 그리 대단치 않았던 것도 사실이다.

슈베르트가 살던 당시에는 '로시니(Gioacchino Antonio Rossini, 1792~1868)'의 이탈리아 오페라나 프랑스의 그랜드 오페라가 주가를 올리고 있을 때였다. 이러한 오페라가 빈의 무명 작곡가였던 슈베르트에게 부와 명예를 가져다줄 것이라는 현실적인 바람도 있었을 터이고, 워낙 어렸을 때부터 지녔던 꿈인 비극과 희극을 오페라로 구현하고자 하는 열망이기도 하였으리라.

그런데 우리는 분명히 알고 있지 않은가, 좋아하는 것과 잘하는 것이 일치하지 않을 때도 많다는 것을……. 안타깝게도 슈베르트에겐 오페라가 그의 능력과 기호가 일치할 수 없었던 장르였다.

1819년까지의 슈베르트의 오페라를 들여다보면 이전의 '살리에리'의 오페라와 다를 바 없다. 목관과 금관으로 장식된 서곡에 과장스런 코러스와 귀에 달달한 아리에타가 수를 놓고 있어 사실 19세기의 특징적인 것이 없고 또 새롭지도 않다. '다 폰테(Lorenzo

Da Ponte, 1749~1838)'같은 대본작가를 만난 것도 아니고, '바그너 (Wilhelm Richard Wagner, 1813~1883)'같이 혼자서 북 치고 장구 치듯 시나리오를 쓰는 능력도 없던 슈베르트의 대본은 빈약하기마저 했던 것이 사실이다.

그러한 슈베르트의 오페라 작품들 중에 그나마 대본이 괜찮고 완성도가 높은 작품이 바로 <모반자들>이다.

이 작품은 1823년, 그러니까 슈베르트가 매독으로 몹시 고통을 받고 있을 무렵 3주 만에 완성된다. 슈베르트가 이 작품을 쓰며 본인의 무절제한 성性생활에 대해 반성했는지, 결혼하지 못한 걸 아쉬워했는지는 모르겠지만 남녀 간의 금욕禁慾은 있을 수 없다는 코믹한 내용이다. 슈베르트의 생전에는 공연되지 않았고, 공식적인 초연은 1861년 독일 프랑크푸르트 로스마르크 코미디언 하우스에서 이뤄졌다. 이후 1862년 악보가 출판되자마자 불어로 번역되어 공연된다.

초연될 당시는 '오펜바흐(Jacques Offenbach, 1819~1880)'의 사회를 풍자한 오페레타가 인기를 끌 때였다. 그러고 보면 슈베르트의 <모반자들>에 나오는 당시 그랜드 오페라를 패러디한 기법 등과 아리에타의 우아한 선율, 그리고 성性적인 풍자 등은 오펜바흐를 예고한 것일 수도 있다.

원작은 고대 그리스 작가 '아리스토파네스(Aristophanes, B.C.446~386)'의 희곡 <리지스트라타 Lysistrata>이고, 이를 바탕으로 빈의 극작가 '카스텔리(Ignaz Franz Castelli, 1780~1862)'가 쓴 대본에 의한 슈베르트의 징슈필이 <모반자들>이다.

원작에 의하면 아테네와 스파르타 간의 펠로폰네소스 전쟁을 끝내고 남편들을 가정으로 복귀시키기 위한 여주인공 '리지스라타'의 전략으로 시작된다. 그녀는 양국의 아내들을 모두 모아놓고 여인들에게 남편들이 전쟁을 끝내고 돌아오는 길은 아내들이 남편들과의 성생활을 거부하는 방법뿐이라며 얼핏 그럴싸한 전략을 내놓는다.

하지만 남자들이 그리 만만하지는 않았다. 전략을 알아챈 남편들도 "좋다. 우리도 안 해. 어디 누가 아쉬운가 보자." 하는 식으로 맞불을 놓는다. 결국 아내들이 패배를 인정하여 훈훈하게 마무리한다는 내용의 원작을 카스텔리는 중세 십자군 얘기로 살짝 바꿔 놓는다.

<모반자들>의 등장인물은 십자군을 이끄는 남작 '헤르베르트 폰 루덴슈타인'과 그의 아내 '루드밀라', 그리고 남작의 부하 '우돌린'과 그의 애인 '이젤라', 신혼인 아내 '헬레네'와 남편 '아스톨프'이다. 단출한 캐스팅이다. 전체적인 줄거리는 남작 부인이 여인들을 부추겨 부부관계를 거부한다는 것을 무기로 남편들을 전쟁터에서 가정으로 복귀시키자는 원작과 같은 얘기다.

구체적으로 살펴보자. 남작 부인의 이러한 제안을 받아들이기가 싫은 건 함께한 여자들이다. 남작부부들은 사이도 안좋아 굳이 부부생활에 큰 관심이 없지만 나머지 커플들은 그렇지가 않다. 하지만 남작 부인의 신분 때문에 울며 겨자 먹기로 동의하기는 한다. 마침 이때 남작의 심부름으로 고향에 온 부하 우돌린은 애인 이젤라를 만나서 너무 기쁨에 들떠있다. 그리고 신혼인 헬레네는 오매불망 남편을 기다리고 있는데 당연히 남작 부인의 제안이 맘에 들 리가 없고…….

하여, 제안에 참여하기 싫은 이젤라는 여자들의 전략 모임에 자신의 애인 우돌린을 여장으로 변장케 한 후 참석케 하여, 남작 부인의 계략을 남작한테 고자질하게 한다. 이제 칼자루가 뒤집혀 버린다. 그러니까 사실 이 둘이 '모반자들'인 셈이다. 역시 뭐든지 도모하려면 가장 가까운 곳을 먼저 살펴야 하는 건 만고의 진리다. 아내들의 음모를 이미 알고 있던 남편들이 오히려 큰소리친다. "나도 안 해!" 식이다. 여기서는 사실 남작 부부만 사이가 좋지 않기 때문에 부하인 우돌린 커플이 남작 부부를 위한 화해의 메신저 역할을 맡는다.

어쨌든 하다하다 안 되니까, 결국 여자들이 던진 수가 자기네들이 갑옷을 입고 전쟁터로 나가겠다는 말도 안 되는 으름장이었고, 이에 질 수 없는 남자들은 다시 갑옷을 입고 우리가 전쟁터에 다시 나가겠다고 초강경수로 맞불을 지른다.

결국 이제 막 돌아온 남자들과 아무 것도 안 하고(?) 다시 내보낼 수 없는 남작 부인이 스스로 패배를 인정하고 결국 여자들이 꽁지를 내리자 남자들도 갑자기 가정 평화 운운하며 전쟁을 포기하고 여자들을 다독거린다는 해피엔딩이 주 스토리다.

이 작품은 그냥 즐겁다. 멜로디도 좋고 리듬도 몹시 신이 난다. 슈베르트 특유의 화음도 뛰어나다. 마치 모차르트를 연상시키는 '헬레나의 노래'에 나오는 클라리넷의 오블리가토도 화려하다. 단지 <모반자들>이란 제목과 지나치게 외설적인 대사 때문에 당시 빈 당국의 검열에서 많은 부분이 삭제됐고, 제목 역시 <가정불화 Der häusliche krieg>로 바뀐다.

슈베르트가 평생에 걸쳐 발표한 가곡들과 슈베르트가 평생 품었던 오페라의 교집합을 <모반자들>을 통해 찾는 것은 흥미로운 일이 될 것이다.

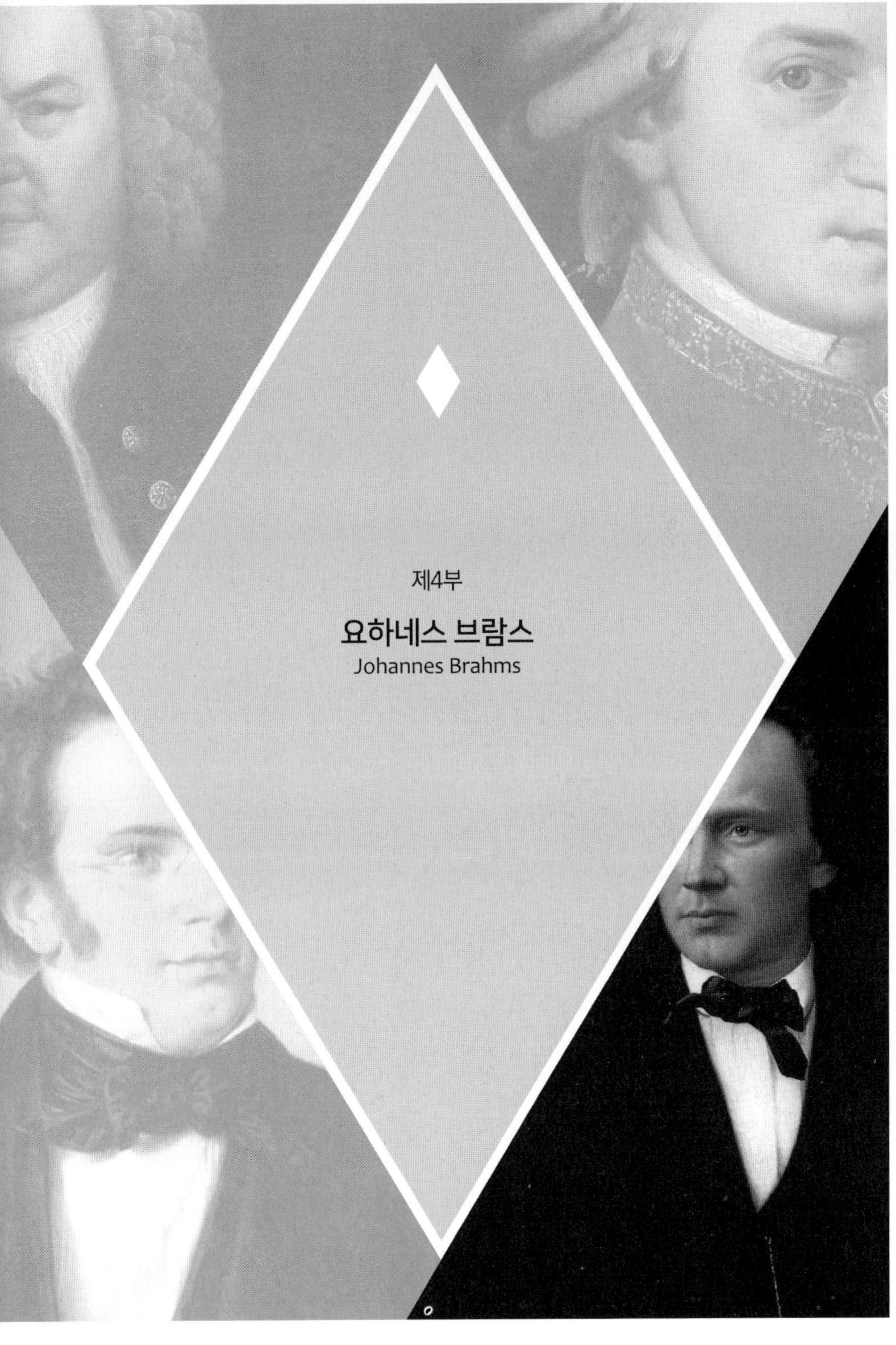

제4부

요하네스 브람스
Johannes Brahms

요하네스 브람스
Johannes Brahms, 1833~1897

엘베Elbe 강구에 면한 독일 최대의 항만도시 함부르크에서 1833년 5월 7일 극장 관현악단의 콘트라베이스 주자奏者 요한 야코프의 장남으로 태어났다. 위로 누나가 있고, 남동생이 둘인 4남매였으며, 어릴 때부터 아버지에게 음악의 기초를 배워 일찍부터 음악의 재능을 나타내고 있었다.

7세 때부터 도시의 교사에게 피아노를 배우고, 10세 때부터는 당시 함부르크 제일의 음악가였던 마르크스젠(Eduard Marxsen, 1806~1887)에게 피아노와 작곡을 배웠다. 얼마 후 가난한 살림을 돕기 위해 편곡을 하거나 술집의 피아니스트로 일하는 한편 작곡도 조금씩 하기 시작한다.

17세였던 1850년에 다섯 살 연상의 뛰어난 바이올리니스트 레메니이(Ede Reményi, 1828~1898)와 알게 되었는데, 이것이 그의 생애에서 하나의 전기가 되었다.

1853년부터는 둘이서 최초의 연주 여행을 떠났고, 도중에 하노버에서 레메니이의 친구로 대大바이올리니스트인 요제프 요아힘과 친교를 맺었다. 요아힘(Josef Joachim, 1831~1907)은 그 후에도 브람스의 창작에 있어 좋은 조언자로서 평생 변치 않는 우정의 고리를 엮는다.

브람스와 레메니이는 다시 바이마르Weimar로 리스트를 방문했지만, 헝가리 출신의 리스트와 브람스의 음악은 서로 이질적이었기 때문에 서로 비판적이 되지 않을 수 없었다. 나중에 리스트·바그너 파와 브람스 파가 대립하게 되는 한 원인은 이미 이때에 있었다고도 할 수 있다. 이 일로 연주 여행도 중단되고 말았는데, 어찌할 바를 모르던 브람스는 또다시 요아힘을 의지하고 그의 소개로 뒤셀도르프의 슈만 부처를 찾아가게 되었다.

슈만 부처는 미지味知의 청년 음악가를 따뜻이 맞이했다. 그 비범한 재능을 인정한 슈만은 오래간만에 평론 '새로운 길'을 『음악신보』에 발표하고 브람스를 세상에 소개했을 뿐만 아니라 작품의 출판도 적극 도와주었다. 이리하여 드디어 성공의 길을 걷기 시작한 브람스는 그 이듬해 슈만의 라인 강 투신投身 비보에 놀라 곧 뒤셀도르프를 방문하여 비탄에 잠긴 클라라와 아이들을 위로하고 격려했다. 이것이 인연이 되어 클라라와의 친교도 평생 계속하게 되었다.

1857년(24세)부터는 데트몰트Detmold의 궁정 음악가로서 근무하고, <피아노 협주곡 제1번(1858)>을 비롯한 여러 작품이 완성되었지만, 이 협주곡의 초연은 평이 나빴다. 게다가 이곳에서 서로 알게 되어 장래를 맹세한 아가테Agathe와의 약혼도 깨져서 실의失意 속에 1859년 함부르크로 돌아가게 된다.

그 후 잠시 동안은 합창 지휘나 창작에 몰두하고 있다가 1862년(29세) 9월, 마침내 빈 이주를 결심하고 떠났다. 빈에 옮긴 뒤로는 창작도 진척되고 연주 활동도 활발해져서 착실하게 지위를 확립하고, 밝고 쾌적한 나날이 계속되어 갔다.

1865년(32세) 2월, 어머니가 위독하다는 소식을 받고 급히 함부르크로 달려갔으나 임종臨終은 하지 못했다. 이 슬픈 경험이 현안이던 <독일 레퀴엠(성악곡)> 완성의 결의를 새롭게 하였다.

1868년(35세), <독일 레퀴엠(성악곡)>은 그 제5악장을 제외한 전곡이 그 자신의 지휘로 브레멘에서 초연되어 대성공을 거두었다. 그의 이름은 일약 유명해졌고, 한편으로 <헝가리 무곡(독주곡)>의 출판(1869)도 호평을 받았다.

1872년(39세) 아버지의 죽음은 슬펐으나 고향 함부르크와의 유대를 끊고 빈의 음악생활에 몰두하는 계기도 되었다. 그 뒤 '빈 악우협회'의 예술감독으로 취임하여 매우 바쁜 생활을 하였지만, 보람이 있는 이 일은 창작에도 큰 자극이 되어 <하이든의 주제에 의한 변주곡(1873)>을 비롯한 명작이 완성되어 갔다.

교우 범위도 넓어져 브람스는 빈의 음악 활동에 있어 불가결한 존재가 되었지만, 베토벤의 뒤를 잇는 교향곡 완성의 소망이 또 다시 그를 지배하기 시작하였다. 1875년(42세)에 공직을 사임하고 <교향곡 제1번>에 몰두하여 약 21년의 세월에 걸쳐 구상한 대교향곡은 마침내 완성을 보았다.

충실한 창작 생활은 그 후에도 중단 없이 계속되어 <교향곡 제2번(1877)>, <바이올린 협주곡(1878)>, <대학축전 서곡(1880)>, <피아노 협주곡 제2번(1881)>, <교향곡 제3번(1883)> 등의 대표적 걸작이 잇따라 완성되어 간다.

그러나 이 화려한 장년기도 1885년의 <교향곡 제4번(교향곡)>과 <바이올린과 첼로를 위한 2중 협주곡(1887)>으로 전환기를 맞이한다. 창작력의 쇠퇴를 의식한 브람스는 대작에서 실내악이나 구작의 개편에 주안을 두기 시작하였고, 1891년(58세)에는 약식의 유서도 작성했다. 그러던 차에 우연히 알게 된 클라리넷의 명수 뮐펠트Mühlfeld는 그의 창작에 마지막 등불을 밝혀 명작 <클라리넷 5중주곡(1891)>을 완성시키게 된다.

1895년(62세)은 빛나는 해로, 5월에 황제로부터 '예술과 과학에 대한 대훈장'을 받았다. 9월에는 마이닝겐의 신新연주회장에서 바흐, 베토벤, 브람스의 작품만으로 기념 연주회가 열렸다. 한스 폰 뷜로가 남긴 '3대 B'라는 말이 여기서도 지켜지고 있었던 것이다.

그러나 1896년 사랑하는 클라라의 부보訃報를 접한 브람스는 평생을 독신으로 지냈는데, 가정을 갖지 않은 거장의 만년은 너무도 고독했다. 체력의 쇠퇴는 뚜렷했고, 그 원인이 간암肝癌이라고 밝혀졌을 때는 이미 절망적이었다. 1897년 4월 3일, 브람스는 두세 명의 친구가 지켜보는 가운데 일생을 마감했다.

보수적이고 내성적인 로맨티시스트였던 브람스의 음악은 행동적인 바그너나 리스트처럼 화려하고 위압적인 울림은 모자라지만, 차분하고 보석처럼 빛나는 매력을 간직하고 있다. 음악사상 획기적인 업적을 남긴 것도 아닌 브람스가 바흐나 베토벤과 나란히 칭송되는 것은 독일 음악의 정신적인 전통을 더없이 풍부하게, 또 엄숙하게 이어받고 있기 때문이다.

주요작품은 <교향곡 제1번 c단조> <교향곡 제2번 D장조 Op.73> <교향곡 제3번 F장조 Op.90> <교향곡 제4번 e단조 Op.98> <하이든의 주제에 의한 변주곡 Op.56a> <대학 축전 서곡> <비극적 서곡 Op.81> <헝가리 무곡 제5번> <피아노 협주곡 제1번 d단조 Op.15> <피아노 협주곡 제2번 B플랫장조 Op.83> <바이올린 협주곡 D장조> <바이올린과 첼로를 위한 2중 협주곡 a단조 Op.102> <현악 6중주곡 제2번 G장조 Op.63> <피아노 5중주곡 f단조(실내악곡)> <클라리넷 5중주곡 b단조(실내악곡)> <현악 5중주곡 F장조 Op.88> <현악 4중주곡 제1번 c단조 Op.51의 1> <현악 4중주곡 제2번 a단조 Op.51의 2> <현악 4중주곡 제3번 B플랫장조 Op.67> <피아노 4중주곡 제1번 g단조(실내악곡) Op.25> <피아노 4중주곡 제3번 c단조 Op.60> <바이올린 소나타 제1번 G장조 Op.78> <바이올린 소나타 제2번(실내악곡) A장조 Op.100> <바이올린 소나타 제3번 d단조 Op.108> <첼로 소나타 제2번 F장조 Op.99> <피아노 소나타 제3번 f단조 Op.5> <헨델의 주제에 의한 변주곡과 푸가 Op.24> <왈츠 Op.39> <헝가리 무곡집> <파가니니의 주제에 의한 변주곡 Op.35> <피아노 소품(독주곡)> <독일 레퀴엠>등이다.

#

브람스를 좋아하세요?

브람스를 좋아하세요?'라는 말은 알려진 대로 1959년 '프랑수아즈 사강(Francoise Sagan, 1935~2004)'의 소설에서 인용된 문구다. 사실 이 질문에 대한 대답이 결코 쉽지는 않다. 무엇보다도 브람스 자신이 대단히 역설적이고 모순적인 사람이었기 때문이다.

소설에서 브람스에 대한 언급은 연상녀 '폴'이 연하남 '시몽'을 만나고 나서 처음 등장한다. 전날 폴에게 구애를 하다 거절당한 시몽은 편지를 쓰는데, 그 내용은 음악회를 구실삼아 다시 한 번 폴을 만나기 위해서였다.

"오늘 6시 플레옐 홀에서 아주 좋은 연주회가 있습니다. 브람스를 좋아하세요?"

폴은 "브람스를 좋아하세요?"라는 표현에 미소 짓고 시몽과 함께 플레옐 홀로 간다. 왜, 폴은 브람스란 대목에서 미소를 지었을까? 그리고 사강이 폴과 시몽의 사이에 하고많은 음악가들 중에 하필 브람스를 등장시킨 이유가 무엇인지 자못 궁금하다.

브람스가 슈만의 아내 '클라라 비크(Clara Josephine Wieck, 1819~1896)'를 사랑했다는 것은 누구나 아는 일이다. 클라라는 브람스보다 14세 연상이었다. 소설 속에서 폴은 39세의 실내 장식가였고, 시몽은 25살의 용모 수려한 젊은 변호사였다. 그들의 나이차 역시 14세다.

플레옐 홀에서 연주됐던 곡은 아무런 부연 설명 없이 책에는 그저 '브람스의 콘체르토'라고 되어 있다. 그런데 사람들은 그 곡을 브람스 <교향곡 3번 3악장>이라고 기억한다. 그 이유는 책에서 비롯된 것이 아니라, 동명의 소설을 영화로 만든 <Goodbye Again(1961년 작)>에 삽입된 곡이 바로 브람스의 <교향곡 3번 3악장>이기 때문이다.

국내에도 <이수(離愁, 이별의 슬픔)>라는 제목으로 번안되어 소개되었고, 이브 몽땅, 잉그리드 버그만, 안소니 퍼킨스 등이 열연을 펼쳤다.

영화에 나온 삽입 음악과 소설 속 장면과의 묘한 데자뷰다. 실제 사강은 브람스의 곡명에 대한 언급은 하지 않았고, 다만 자신의 감상을 폴의 입을 통해 묘사해 놓는다.

"바이올린 한 대가 오케스트라의 소리를 누르고 솟아올라 찢어질 듯한 고음으로 필사적으로 떨더니, 이윽고 저음으로 내려와서는 즉각 멜로디의 흐름 속으로 빠져들며 다른 소리들과 뒤섞였다."

이 표현대로라면 사실 둘이 플레옐 홀에서 들은 음악은 브람스가 남긴 유일한 <바이올린 콘체르토>일 가능성이 농후하다. 브람스의 <바이올린 콘체르토>든, <교향곡 3번 3악장>이든 그의 음악은 어쩌면 소설 속 주인공을, 그리고 독자들을 위로하기보다는 오히려 슬픔을 더욱 명징하게 드러내 보여준다.

진정한 위로라는 것이 과연 존재하기는 하는 것일까? 그저 위로라는 단어 속에 과거를 망각하고 미래의 꿈을 합리화시켜 나가는 것은 아닐는지…….

이런 것들이 결코 위로가 되지 않는다는 것은 고통의 심연을 겪어본 사람이라면 누구나 알 것이다. 오히려 지금 내가 겪고 있는 슬픔을 외면하지 말고 투명하게 들여다보는 것이 위로보다는 치유가 될 수도 있다.

소설 속에서 폴은 시몽과 헤어져 다시 고독과 맞닥뜨리게 된다. 이때 흐르는 브람스의 음악은 폴을 위로하지는 못하지만, 그녀의 슬픔을 투명하게 들여다볼 수 있게 해준다.

브람스의 음악은 때때로 우리에게 위로보다는 관조의 모습으로 다가온다.

그럼 이제, 브람스를 좋아하실 준비는 되셨는지?

◆

브람스와 요아힘을 통해 배우는
우정학 개론

일반적으로 브람스는 슈만의 아내 '클라라(Clara Josephine Wieck, 1819~1896)'에 대한 순수한 사랑으로 인해 평생 독신으로 지낸 사람으로 묘사되지만, 사실은 그렇지 않다. 브람스에게 클라라가 위대한 사랑임에는 틀림없지만, 그는 클라라 외에도 여러 여성과 사귀었고, 약혼도 했었다. 그가 평생 독신으로 지낸 것은 브람스 자신이 그 어느 누구도 자신에게 다가오는 것을 극도로 꺼렸던 탓이다.

가장 가까운 친구나 연인에게 자신의 속내를 고백하고, 있는 것 없는 것 모두 공유해야 세상에 둘도 없는 특별한 관계라 생각하고, 만일 한 쪽에서 그렇지 못하다면 허구한 날 의심하고 삐치는 게 일반인들의 사랑 방정식이다.

하지만 브람스에게 이러한 관계는 소름끼치는 일이었고, 그는 친구나 애인의 고통을 나누느니 차라리 헤어지는 것을 택한 사람이다. 그는 그렇게 스스로를 구속해 갔다.

그런 그에게도 친구는 있었다.

두 사람의 관계는 브람스보다 상대가 더욱 노력했다는 게 맞는 표현인데, 그 장본인은 '요제프 요아힘(Joseph Joachim, 1831~1907)'이다. 요아힘은 브람스의 인생에서 그 어느 누구보다 가장 고맙고 소중한 사람이었고, 당시 시골뜨기 무명의 브람스와는 비교가 안 되는 국제적인 명성의 바이올리니스트이자 작곡가였으며, 하노버 왕실의 궁정악장이었다.

1853년 5월 스무 살의 브람스는 두 살 위의 요하임과 처음으로 조우한다. 이후 두 사람은 죽는 순간까지 평생 우정을 나누는 사이로 발전하게 된다. 만난 지 4개월 후, 요아힘은 브람스를 당시 음악비평계의 큰 손인 '슈만(Robert Alexander Schumann, 1810~1856)'에게 소개해주었고, 그로 인해 브람스는 일약 스타덤에 오르게 되는 전환점을 맞이 한다.

슈만 역시 브람스의 재능을 인정하고 그를 "시대의 정신에 최고의 표현을 부여하는 사람"이라고 세상에 소개하기에 이른다. 브람스 입장에서 이 사건은 마치 로또를 맞은 것처럼 엄청난 일이었다. 왜냐하면 오로지 슈만의 추천 하나로만 굴지의 음악출판사인 '브라이트코프 운트 헤르텔'사에서 브람스의 음악을 출판해준 덕분에 그의 음악인생엔 그 어느 때보다 찬란한 빛이 비추기 시작했기 때문이다. 아마 요아힘이 없었다면 이 밝은 빛은 평생 브람스의 인생에서 볼 수 없었을 수도 있다.

이 만남이 요아힘의 끈질긴 설득으로 성사됐다는 것을 알면 여러분은 또 한 번 놀라실 것이다. 일반적인 상상대로라면 무명의 브람스가 요아힘을 졸라서 어떻게 해서든지 슈만에게 줄을 대고자 하는 게 상식일 텐데, 오히려 거꾸로 된 상황이니 말이다.

사실 브람스가 요아힘을 만나기 전에 슈만은 브람스의 고향 함부르크에서 연주회를 열었고, 이때 브람스는 이 유명인사에게 자신의 작품을 보냈지만, 슈만은 봉투를 개봉조차 하지 않은 채 돌려보낸 사실이 있었다. 가뜩이나 소심하고 사람들과 거리감을 두고 있던 브람스가 상처받기엔 충분한 기억이다.

그런 브람스를 설득해 뒤셀도르프에 있는 슈만, 그리고 클라라를 만나게 해준 사람이 바로 요아힘이었다. 아마 당시 요아힘의 명성이 아니었다면 슈만이 계속 브람스를 외면했을 것이라는 점은 누구나 쉽게 짐작할 수가 있을 것이다.

요아힘에 대해 조금 더 알아보자.

흔히들 악마의 바이올리니스트라고 하면 '파가니니(Niccolo Paganini, 1782~1840)'를 떠올리기가 일쑤인데 음악사적으로 또 한 명의 악마적 기교를 지닌 이가 바로 요제프 요아힘이다. '바이올린의 왕자', '활의 황제'라고 불렸던 요아힘은 멘델스존, 슈만, 브람스, 리스트, 베를리오즈, 바그너 등 당대의 뛰어난 음악가들과 서로 영감을 주고받으며 낭만주의浪漫主義를 풍미했던 사람이다.

요아힘 또한 12살에 멘델스존의 소개로 슈만을 처음 만난다. 그는 가장 감수성이 예민하던 소년시절을 멘델스존, 슈만과 더불어 보냈고, 멘델스존이 죽고 나서는 슈만과 더욱 각별한 관계를 유지한다. 요아힘은 멘델스존이 자신을 슈만에게 소개했듯이 자신보다 2살 어린 브람스를 형제처럼 여기며 슈만에게 인도했던 것이다.

슈만이 죽은 후에도 요아힘, 브람스, 그리고 클라라는 늘 함께 서로를 위로하며 살아간다. 슈만의 죽음은 요아힘을 깊은 우울증에 빠지게 할 만큼 충격적인 사건이었다. 요아힘은 그때부터 긴 슬럼프에 빠져든다. 하지만 그의 나이 30세 때였던 1861년 12년간의 공백 끝에 요아힘은 빈으로 돌아왔고, 곧 과거의 세계적 명성을 회복한다.

1862년 12월 13일 요아힘은 하노버의 한 연주회에서 11살 연하의 젊은 성악가 '아말리아 슈니바이스'와 한 무대에 선다. 그는 <베토벤 협주곡>을, 아말리아는 <헨델의 테오도라 중 아리아>를 노래했고, 이게 인연이 되어 이듬해 33살의 요아힘과 22살의 아말리아는 성대한 결혼식을 올린다. 이들의 첫 아들 '요하네스'의 대부가 브람스였다.

아말리아는 뛰어난 음악성과 매력을 지닌 가수였으나, 결혼 후 사실상 오페라 가수로서의 생활은 할 수가 없었다. 이것이 옛날이나 지금이나 늘 불화의 씨가 아니던가? 아말리아는 오페라 가수로서의 생활은 결혼과 함께 포기했지만 콘서트 가수로서의 생활은 계속해 나가는데, 이것이 남편 요아힘을 격분시켰고 질투심을 유발시켰던 것이다.

요아힘은 아내의 활동을 막지는 못해도 어떻게 해서든 아내와 함께 무대에 서고자 했다. 1875년 두 사람은 빈에서 <헝가리 협주곡>과 브람스의 <알토를 위한 랩소디>, 그리고 슈만의 <바이올린 판타지>를 한 무대에서 공연한 기록이 있다.

이런 가운데서도 브람스와 요아힘의 우정은 각별했다. 요아힘의 지휘로 케임브리지에서 브람스의 <교향곡 1번>이 연주되었을 뿐만 아니라, 1878년 브람스는 <바이올린 협주곡 D장조>를 요아힘에게 헌정한다.

이런 두 사람 사이도 그들의 말년에 요아힘의 아내에게 보낸 브람스의 편지로 인해 30년 우정에 회복할 수 없는 금이 간다.

1880년, 가뜩이나 의처증이 심했던 요아힘은 자신의 아내 아말리아가 브람스의 출판인인 '프리츠 짐록'과 바람이 났다고 상상했던 것이다. 요아힘은 자신의 이 답답한 심정을 브람스에게 편지로 하소연했고, 아말리아의 결백을 확신했던 브람스는 요아힘에게 달려가 결코 그런 일이 없다고 설득했던 것이다. 하여튼 남의 부부 문제에 개입하는 것은 동서고금을 막론하고 가장 불필요한 오지랖이다.

친구 요아힘을 달래주고 와서는 아말리아가 너무 지나친 오해의 희생자라고 생각한 브람스는 아말리아에게 아주 긴 한 통의 편지를 쓴다. 이 편지는 요아힘의 상상에 기인한 아말리아의 불륜을 걱정하는 것이 주된 내용이었지만, 이 한 통의 편지로 브람스가 요아힘을 어떻게 생각하고 있었는지, 나아가 브람스가 아무리 가까운 사람도 결코 자신에게 가까워지는 것을 극도로 피했던 사람이라는 것을 드러내는 단초가 됐다. 그 내용 중 일부는 아래와 같다.

"30년 이상 지속된 우리의 우정에도 불구하고,…(중략) 나는 그와의 교제에서 지극히 조심스럽게 행동한다는 것을 눈치 챘을 것입니다. 될수록 그와 오랫동안 함께 있거나 너무 친밀하게 밀착되지 않도록 조심한다는 것을…(중략) 요아힘이 변명할 여지없이 자기 자신과 다른 사람을 괴롭히는 불행한 괴팍성을 나는 잘 알고 있습니다. …(중략) 상상에 의해 야기된 불필요한 장면은 나를 소름끼치게 합니다. …"

그저 단순하게 친구 아내의 부당한 입장을 위로해주기 위해 보낸 편지가 후에 두 부부의 이혼법정에서 아말리아에게 유리한 증거로 채택될 것이라고는 브람스로서도 상상을 할 수 없었다. 결국 법정은 브람스의 편지를 증거로 하여 요아힘의 의심이 근거 없다는 판정을 내렸고, 아말리아는 무죄를 선고받는다. 이 당시, 요아힘은 평생을 함께 해온 친구에게서 돌이킬 수 없는 배반감을 느꼈고, 브람스는 어쨌거나 선의를 가지고 썼던 편지로 인해 본의 아니게 절교를 당하게 됐던 것이다.

그럼에도 불구하고 브람스는 둘 사이의 관계회복을 위한 노력을 멈추지 않았다. 1883년 자신의 <교향곡 3번>의 초연을 요아힘에게 의뢰했고, 다행히 그는 승낙한다. 2년 후 브람스 <교향곡 4번>도 요아힘의 손을 거쳐 세상에 선보였고, 두 사람은 관계를 회복하게 된다.

1897년 3월 24일 브람스는 요아힘에게 자신이 단 한 마디의 말도 하지 못할 만큼 고통스럽다는 마지막 편지를 남기고 딱 10일 후 숨을 거둔다.

사실 요아힘과 브람스는 누구랄 것도 없이 괴팍한 사람들이었다. 하지만 그 둘은 세간에서 얘기하는 일반적인 친구라기보다는 음악으로 맺어진 존경의 관계였다.

다시 말해 두 사람의 우정은 서로의 음악에 대한 존경이 뒷받침된 '필요'에 의한 것이었다. 그 필요란 단순히 현재의 이익만을 의미하는 것은 물론 아니다. 위대한 음악이 인류에게 어떻게 쓰일 것이란 사실을 알고 있는 선지자들의 예언과도 같은 것이다. 고통을 소비하고 있는 예술가들에게 우정은 축적의 대상이 되어야 하는 이유가 바로 그것이다.

앞에선 호형호제呼兄呼弟하고 뒤에선 읍견군패邑犬群吠하는 무리에 발을 들여놓는 이들이 얼마나 많은가?

이 세상에 우정은 과연 어디에 있는가?

요아힘과 브람스의 관계를 보면 '우정은 존재하는 것이 아니라 끊임없이 만들어 가는 것'이라는 말이 새삼스럽게 다가온다.

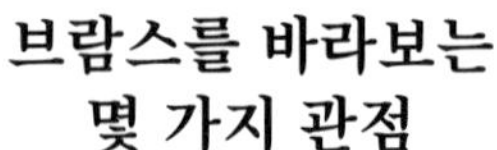

브람스를 바라보는
몇 가지 관점

생각하는 나무

방금 탄 엘리베이터 안에서 낯선 향기가 머무른다면
당신은 고독한 것이다.
브람스의 마음은 늘 향기만 남아 있는 텅 빈 엘리베이터 안이었다.

바람소리로 허기를 달랠 수는 없다.
혼자이고 싶어 혼자인 사람은 없다.
아무 말도 하지 않음은 할 말을 너무 많이 품고 있기 때문이다.

물감과 사람은 섞일수록 탁해진다.
탁하다는 것은 외롭기 싫어서다.

한 가지 물감만으로는 채색할 수 없듯이 혼자서는 살 수 없는 것이 세상이다. 사람과 함께하기를 원하면서 탁함을 싫어하는 것이 모순인 이유가 그것이다.

하지만 브람스는 그런 인간관계를 극도로 기피했다. 그는 자신의 고독을 상대에게 강요하지도 않았다. 그는 자신이 지닌 근원적인 외로움이 다른 사람에게도 있음을 알지만, 결코 얽히는 관계를 원하지는 않았기 때문이다.

고통을 공유하기보다는 차라리 절제를 선택했다.

그는 늘 타인의 고통에 일정 거리를 두었고, 자신의 외로움이나 슬픔 역시 알 수 없는 그 심연 안에 깊이 감추어나갔다. 대부분의 브람스 음악은 그가 태어난 함부르크의 날씨만큼이나 어둡고 음울하며 두터운 화성으로 채색되어 있다.

그리고 그의 선율은 마치 그가 친구를 극도로 경계하며 사귄 것과 같은 궤를 그린다. 한 선율이 나오면 그 선율에 친숙해지기 전에 다른 선율이 나오는가 하면, 이전의 선율을 다른 모습으로 변주하여 반복되는 고의적인 단절의 흐름이다.

하지만 그의 음악은 모차르트와는 다른 투명함이 있다. 물감을 바르고 말리고 또 바르고 말리면서 겉이 속이 되고, 속이 또 겉이 되기를 반복하다 보이는 것, 그런 투명함이다.

그런 면에서 브람스는 나무가 지닌 고독함을 품고 있는지도 모른다. 나무는 한 곳에서 자라지만 결코 하나의 모습으로 있지는 않는다. 브람스는 온 세상을 부유하며 변주했지만 결국 홀로 자신에게 정착한다.

그렇게, 브람스는 '생각하는 나무'였다.

이미지 관리에 능했던 브람스

이미 방송에 알려진 대중스타의 실제 모습을 아는 사람이 몇이나 될까? 대부분 연출된 좋은 이미지일 경우가 많다. 하긴 요즘은 연예인뿐 아니라 일반인들도 자신의 캐릭터를 만들어가는 시대이긴 하다. 고독의 대명사 브람스 역시 자기연출에 능하고 당시 대중의 취향을 가장 잘 파악하고 있던 음악가였다.

브람스가 후대에 평이 안 좋을 것으로 판단한 자신의 작품들을 파기했던 것은 이미 알려진 사실 중 하나다. 그는 자신의 현악4중주 20곡을 스스로 파기했으며, 본인이 그 흔적을 없애버린 작품 수는 헤아리기 어렵다. 그리고 자기관리를 위해 자신의 얘기를 지인들에게 무척 많이 했던 사람이다. 반면에 어린 시절 매춘굴이 있던 변두리에서의 삶과 빈곤했던 생활환경, 그리고 사이가 안 좋았던 동생 '프리츠'에 대해선 함구했다.

브람스는 자신의 전기傳記 작가 '카르베크'에게 손수 자신의 정보를 제공한다. 당연히 과거의 감추고 싶은 부분은 없고, 아름답고 인간적인 추억들은 가득하다. 베를리오즈나 바그너의 자서전 역시 스스로 연출된 한 단면에 불과하지 않던가?

브람스를 알 수 있는 다른 사례도 있다. 19세기 당시에는 가정에서 즐길 수 있는 연탄곡의 수요가 급증하던 시절이었다. 브람스는 교향곡, 협주곡, 실내악곡 등을 작곡하고 바로 연탄곡으로 편곡하여 출판시장에 내놓는다. 이는 브람스뿐 아니라 19세기 음악시장의 일반적 경향이었다.

당시 작곡가에게 지급되는 저작료는 초판에만 한정되었고, 일단 간행되면 즉시 다른 사람이 편곡 악보를 출판했기 때문에 브람스는 자신이 규모가 큰 곡을 작곡하자마자 바로 연탄곡으로 편곡하는 기민함을 발휘하였다.

참고로 같은 나라에서 다른 사람이 편곡할 수는 없었지만 다른 나라에서 출판하는 데는 문제가 없었기에, 브람스는 자신이 직접 서둘러 편곡했던 것이다. 그 편곡의 결과물이 지금 현재도 가장 많이 연주되고 사랑받는 <헝가리 무곡집>이다. 이 작품집은 헝가리 민속음악인 차르다슈의 수많은 선율을 다양하게 조합하여 편곡한 것이다.

알려진 대로 첫 10곡이 출판되었을 때 브람스는 저작권 침해로 기소되었으나, 이 작품집이 편곡이라는 이름을 내걸었고, 또한 외국 출판물이 사용되었다는 점으로 무죄판결을 받는다. 이 <헝가리 무곡>은 당시 엄청난 인기를 얻어 다른 이들이 덩달아 편곡하기도 했지만, 오히려 브람스가 그들을 기소한다. <헝가리 무곡집>이 지니고 있던 이권은 실로 대단했기 때문이다. 브람스는 이 곡을 통해 14,400마르크를 받았다. 이 액수는 브람스의 <독일 레퀴엠>의 편곡(연탄곡)료가 1,782마르크였다는 것과 비교해 보면 상당한 금액이다.

이렇듯 브람스는 알려진 성격과는 별개로 그 누구보다 대중의 취향을 잘 파악하고 있던 이재에 밝은 작곡가였음에는 틀림없다.

브람스는 엄청난 코골이

아주 감미로운 <자장가>를 썼던 브람스는 정작 본인에게 수면 장애가 있었다. 펜실베이니아 대학의 흉곽 내과 전문의 '미첼 마골리스' 박사가 의학 전문지인 'CHEST' 2000년 7월호에 발표한 자료에 따르면, 브람스가 실제 '수면 무호흡장애Sleep Apnea'에 시달렸다고 주장한다. 이 병은 자신뿐 아니라 엄청난 코골이 때문에 주변 사람도 잠을 들 수 없도록 한다는 치명적인 문제가 있었는데, 이와 관련해서 주변인들과 얽힌 꽤 재밌는 일화들이 있다.

브람스는 평생 결혼한 적이 없으니 잠자리를 같이 한 아내의 불평이나 기록은 없지만, 1890년대에 브람스와 연주 여행을 함께 했던 바리톤 '조지 헨쉘(George Henschel, 1850~1934)'의 끔찍했던 증언은 남아 있다.

"우리가 호텔로 돌아왔을 때 나의 간절한 소망은 오직 브람스보다 먼저 잠드는 일이었다. 과거의 경험으로 보아 그가 한 번 코를 골기 시작하면 나는 잠자는 것은 아예 포기해야 했기 때문이다. 방에 들어갔더니 그는 마침 침대에 누워 책을 읽고 있었다. 기쁜 마음으로 얼른 잠을 청하려는데 그가 촛불을 끈 다음 얼마 지나지 않아 코를 골기 시작했다. 그의 코와 목구멍에서 마구 내뿜으며 울리는, 이 세상에서는 좀처럼 듣기 어려운 요란한 소리였다. 나는 아침 일찍이 베를린으로 가야 하는데 어찌 하면 좋을까?"

이뿐이 아니다. 1853년 브람스를 처음 만난 '리스트(Franz Liszt, 1811~1886)'는 자신의 <B단조 피아노 소나타>를 직접 연주하던 도중 브람스가 도중에 잠이 들자 심한 모욕을 느꼈다는 일화도 있다. 또한 1890년 '구스타프 말러(Gustav Mahler, 1860~1911)'는 지휘를 하던 도중 브람스가 졸면서 이상한 소리를 내어 연주를 중단시키자, 두 작곡가는 결국 넘을 수 없는 강을 건너고 말았다고 한다.

하나 더 보태면 브람스가 빈에서 단골로 출입하던 '붉은 고슴도치'란 이름의 카페의 참 웃을 수 없는 광경도 있다.

'수염이 덥수룩하고 배가 너무 많이 나온 중년 신사가 꾸벅꾸벅 졸고 있는 모습….'

그냥 상상만으로도 슬프다. 그래도 이미 성공한 브람스가 심하게 구박받지는 않았으니, 너무 슬퍼하지는 않아도 된다는 것을 위안 삼으면 될까?

일설에는 브람스가 수면무호흡증으로 인한 장애와 우울증으로 인한 괴팍함 때문에 결혼을 하지 못했다는 얘기도 있는데, 이는 억측이 심한 듯하다. 심지어 수면무호흡증은 성불구의 원인이 된다는 설도 있고, 심지어 '후고 볼프(Hugo Wolf, 1860~1903)'는 브람스의 음악을 성불구자의 음악이라고 매도하기도 했다.

스스로 선택한 혼자만의 삶이 참 많은 가십을 만들어내지만, 근거 없는 소문들은 브람스의 유명세에 끊임없이 따라붙는 사족에 불과한 것이리라.

고독해야만 음악을 하는 것은 아니다

작곡가들이 곡의 주제를 포함하여, 청자들에게 메시지를 전할 때 즐겨 쓰는 방식에 '음악적암호Musical cryptogram'가 있다. 이는 일종의 애너그램(Anagram ; 문자·철자의 배열을 바꾸어 암호화하는 방식)으로 음악 안에 문자를 배열하는 암시인데, 그 중에 브람스의 고독을 대표하는 "FAE(Frei Aver Einsam ; 자유롭지만 고독하게)"가 있다.

브람스가 얘기한 것으로 알려진 이 문구는 브람스가 시작한 것이 아니라, 1853년 브람스의 가장 소중한 친구인 바이올리니스트 '요제프 요아힘(Joseph Joachim, 1831~1907)'을 위해 당시 '슈만(Robert Alexander Schumann, 1810~1856)'과 슈만의 제자 '알베르트 디트리히(Albert Hermann Dietrich, 1829~1908)'와 공동 작곡한 <바이올린 소나타>의 기본 동기에서 비롯됐다.

이는 당시 최고의 바이올리니스트이자 친구였던 요아힘을 위한 슈만의 아이디어였다. 얼핏 들으면 멋있어 보이는 '자유롭지만 고독하게'란 표어는 브람스의 표현이 아니라 요아힘의 개인적인 삶의 모토였고, 요아힘 역시 당시 독일 낭만주의의 퇴폐적인 정서에 따라 이 문구를 인용했던 것이다.

실제 이 곡에 이 표현을 쓴 것은 무슨 대단히 철학적인 의미가 있어서가 아니었다. 서로 친한 관계에 있던 이들은 당시 슈만의 아내인 '클라라(Clara Josephine Wieck, 1819~1896)'와 연주하기 위해 뒤셀도르프로 오고 있는 요아힘에게 깜짝 선물을 하려고 계획했던 것이다.

슈만의 아이디어대로 'Frei Aver Einsam(자유롭지만 고독하게)'라는 표제를 붙인 이유는 독신을 고집하며 혼자 살아가는 요아힘을 친구들이 유머러스하게 풍자한 것이었다. 슈만은 이 악보를 꽃바구니에 넣어서 요아힘에게 전달한다. 그리고 그 꽃바구니 안에는 "존경하고 사랑하는 요아힘의 도착에 앞서서 이 소나타는 로베르트 슈만, 알베르트 디트리히와 요하네스 브람스가 함께 작곡했습니다."라는 헌사도 들어 있었다.

요아힘은 클라라와 즉석에서 이 작품을 연주해보고는 각 악장마다 누가 썼는지를 금방 맞추었다고 한다. <바이올린 소나타>중 브람스가 쓴 3악장은 고독과는 거리가 멀다. 오히려 젊은 패기가 넘치는 매우 개성적인 스케르초(해학)이다.

나중에 세 사람이 공동으로 작업했던 일명 <F-A-E 소나타, 바이올린과 피아노를 위한 스케르초 c단조, WoO posth.2>는 브람스 본인이 쓴 3악장만 남기고 나머지(1악장 알베르트 디트리히, 2·4악장 슈만)는 다 폐기해 버렸다. 이 악보는 브람스가 죽고 나서야 출판되었다.

무작정 브람스를 고독과 엮지 말아야 할 이유는 또 있다. 바로 브람스가 1883년에 작곡한 그 유명한 <교향곡 3번의 1악장>이다. 6/4의 1악장은 관악기들이 길게 끌며 2개의 화음을 제시한다. 이곳에서 브람스는 오래 전(1853년) 슈만과 슈만의 제자 디트리히와 공동으로 작곡했던 요아힘의 모토였던 바이올린 소나타의 'F-A-E(Frei Aver Einsam, 자유롭지만 고독하게)'의 기본 동기를 살짝 비틀어 놓는다. 'F-Ab-F(Frei Aber Froh, 자유롭지만 행복하다.)'로 말이다. 실제로 1악장은 격정적이라 할 만큼 행복한 악장이다.

우울과 고독을 브람스와 자꾸 엮는 증상은 어쩌면 브람스 <교향곡 3번 3악장>이 '사강(Francoise Sagan, 1935~2004)'의 소설 <브람스를 좋아하세요(Aimez-vous Bramhs?)>를 소재로 만든 미국영화 <Goodbye Again(1961년)>의 테마 음악으로 쓰인 탓에 대중들의 뇌리에 가장 깊게 박혀서 그런지도 모르겠다.

<3번 교향곡>의 전체적인 분위기는 스케르초가 아닌 애수 어린 왈츠풍이다. 첼로가 c단조로 약간은 슬프게 연주한 후 이를 다시 바이올린이 받고 함께 어우러졌다가 목관 악기와 호른이 재현한다. 특히 3악장은 어딘지 쓸쓸한 분위기가 난다. 전술했지만 사강의 소설에는 브람스의 곡명에 대해서는 언급이 없고, 영화에서만 브람스 <3번 교향곡 3악장>이 흐를 뿐이다.

언제부터인지 모르지만 우리는 일부만을 보고 마치 그것이 전부인 양 얘기하는 것이 습관처럼 돼 버렸다. 많은 음악가들이 세상을 매우 즐겁게 산다는 것을 알면 사람들이 뭐라고 할까?

흙으로 돌아간 브람스가 외치노니, Frei aber Froh!

브람스가 여성들에게 작별하는 방법

브람스의 여인을 '클라라(Clara Josephine Wieck, 1819~1896)'하고만 엮는 것은 브람스의 맘일까, 아니면 고독한 브람스로 남아주길 원하는 애호가들의 맘일까?

가끔은 음악사적 사건을 입체적으로 볼 필요가 있다. 가령 여성 문제의 경우 작가가 자신의 입맛대로만 구성해 놓으면 영락없이 엉키고 만다.

독자讀者나 청자聽者가 평면적으로 그 얘기를 읽거나 들으면 모든 음악가는 가슴 아픈 사랑이라는 통과의례를 거쳐야만 한다. 사실 지나치게 꾸미지만 않는다면 그들의 사랑과 평범한 사람들의 사랑이 닮은 점도 많다.

브람스의 젊은 시절은 피아노 학원 벽에 걸려 있는 수염 덥수룩한 켄터키치킨 같은 아저씨가 아니었다. 소위 말하는 수려한 꽃미남이었다.

브람스는 그의 나이 25세 때인 1858년 여름, 괴팅엔에서 의대 교수의 딸인 동갑내기 '아가테Agathe von Siebold'를 처음 만난다. 아마추어 성악가였던 그녀는 브람스의 <가곡(Op.14, 19, 20)>을 직접 부르기도 했고, 함께 산책도 하며 여느 연인과 다를 게 없이 서로 정답게 지냈다.

그해 여름, 둘만의 관계가 어떠했는지는 아가테의 "아주 깊고 순수한 기쁨의 원천 a source of the deepest and purest joy"이라는 표현을 통하여 짐작해볼 수 있다. 두 사람이 약혼까지 했다고 전해지지만 확인된 바는 없다. 그런 아가테와의 결별은 '브람스가 클라라를 잊을 수가 없어서'라는 게 유력한 설로 남아 있지만, 그보다는 그 어느 누구에게도 얽매이는 것을 극도로 싫어한 브람스의 성격 탓이었을 것이다.

1859년, 그러니까 브람스와 아가테가 사귄 지 1년 후, 브람스는 자신의 <피아노 협주곡 1번>이 심한 혹평을 받았고, 그는 이 실패 때문에 아가테와 결혼할 수 없다며 지인인 '조지 헨쉘(George Henschel, 1850~1934)'에게 다음과 같은 한 통의 편지를 쓴다.

"…내 곡이 지금은 비록 야유를 받았지만 …(중략)그런 비난은 잘 견딜 수 있습니다. …(중략) 그러나 만일 이 순간에 아내가 걱정스럽고 불안한 눈으로 나를 본다면, 나는 견딜 수 없었을 것이 분명합니다. 그것은 또 하나의 실패라고 할 수 있죠. …(중략)성공의 가능성이 없는 남편을 동정하는 부인을 나는 도저히 참을 수 없습니다."

그리고 브람스는 또 다른 편지를 아가테에게 보낸다.

"당신을 사랑합니다. 난 당신을 다시 보고 싶습니다. 하지만 난 결혼이라는 구속은 싫습니다. 내가 당신을 보기 위해 다시 돌아가야 하는지, 돌아가서 당신에게 키스하며 당신을 사랑한다는 말을 해야 하는지 연락바랍니다."

사랑은 하는데 구속받기 싫어 결혼은 싫고, 보고는 싶다고 하면서도 이 결정 역시 여자한테 떠넘기고…. 글쎄, 이런 상황을 받아들이면서 남자를 만날 여자 분이 몇 명이나 될지는 모를 일이다. 결국 이 편지를 받은 아가테는 브람스와 헤어진다.

다른 관점으로 이 당시의 브람스 주변을 한 번 바라보자.

브람스가 아가테랑 만났던 괴팅엔이 아주 작은 도시라 두 사람 사이와 '슈만(Robert Alexander Schumann, 1810~1856)'의 아내 클라라와의 묘한 관계까지 겹쳐, 소문이 꼬리를 물고 번지고 있는 상황이었다. 이럴 때 자신의 이미지에 대한 위기관리 능력이 매우 뛰어난 인물이었던 브람스는 어떻게 대처해 나갔을까?

브람스는 실제로 자신에 대해 좋지 않은 소문이 나는 걸 매우 싫어해서 자신의 감정조차도 제어하는 사람이었다. 신중한 만큼 소심해졌던 건 아닐까? 어쨌든 브람스가 아가테를 떨쳐 내려면 뭐라도 증거를 남겨 놓아야 할 상황인 것만은 맞다. 의도했든 아니든, 전술한 내용의 편지로 아가테와의 관계는 완전히 끝났다.

그래도 브람스는 오랫동안 아가테를 품고 있었던 것 같다. 정확히 결별 5년 후(1864년), 브람스는 아가테에게 <현악 6중주곡 G장조, No.2, Op.36번>을 헌정한다. 과거 자신이 지도한 합창 단원이었던 '베르타'에게 헤어진 후 10년 만에 <자장가>를 선물한 것과 비교한다면 무척 빠른 편이다.

이 곡 1악장은 아가테Agathe의 이름을 이용한 일명 '아가테 테마'가 유명하다. 슈만도 자신의 <교향곡 4번>에 아내 클라라의 이름을 넣었고, 또 그의 연가곡 <리더크라이스, Op.39번>에 'EHE(결혼)'라는 음악적 암호Musical cryptogram를 넣기도 했다.

'Agathe'란 이름을 배열하면 'A-G-A-(T)H-E'이고, 이 중 'T'를 생략하면, '라-솔-라-시-미'가 된다. 이를 바이올린이 연주하고 이에 대한 응답을 비올라가 'A-D-E(라-레-미)'로 화답한다. 여기에서 'ADE'는 독일어로 '안녕farewell'이다.

이 곡은 일명 '아가테 6중주'로 알려져 있지만, 흥미로운 점은 3악장의 주제와 5개의 변주곡에서 나오는 주제 선율이다. 이 3악장에서 사용된 바이올린의 선율은 1855년 클라라에게 보낸 편지에 적어 넣은 것이었다. 1855년은 클라라의 남편 슈만이 라인 강에 투신한 후 정신병원에 있을 때였고, 당시 브람스는 14세 연상의 클라라에게 단순한 감정 이상의 표현을 하였던 때다. 브람스는 이 곡의 1악장에서는 아가테의 선율을 그리고, 3악장에서는 클라라의 선율을 동시에 사용한다.

브람스의 현악 6중주 1악장의 아가테는 열정적이고, 3악장의 클라라는 엄격한 대위법을 적용해서 그런지 심리적으로 복잡하다. 하지만 이내 E장조의 아름다움으로 그 복잡한 긴장감은 해소된다. 어쩌면 브람스는 1악장에서 비로소 아가테와 진정한 이별을 했고, 3악장에서는 오랜 세월 품어왔던 클라라로부터 해방되었는지도 모르겠다.

그가 음악만큼 사랑해마지 않은 여인들을, 그는 음악으로 작별 인사한 것이다.

◆

브람스의 <자장가>는
여인에게 바친 사랑의 왈츠

자장가 Wiegenlied Op.49, No.4

1868년에 작곡했고(출판), 1869년 12월 22일 빈에서 초연初演했다. 브람스가 함부르크 시대에 지휘를 맡았던 여성합창단 단원인 파버 부인이 아기를 낳았다는 편지를 받고 그 축하로 보낸 곡이다. 모차르트의 <자장가>와 함께 유명하며, 표면적으로는 어머니의 애정을 잘 표현하고 있다. 첫 번째 연의 가사는 독일 민속 시 <Des Knaben Wunderhorn>에서 따온 것으로 알려져 있고, 두 번째 연의 가사는 'Georg Scherer'가 1849년에 썼다.

잠깐 스쳐간 여인 베르타와 <자장가 Wiegenlied>

브람스의 <자장가>는 왈츠로 쓴 사랑의 노래라고 보면 이해가 빠를 것이다. 브람스는 1857년에서 1860년까지 함부르크 여성 합창단을 지휘했는데, 단원 중 목사의 딸 '베르타Bertha Faber'를 특별히 좋아했다. 그 후 무려 10년이 지난 1868년, 베르타가 둘째 아이를 낳았을 때 선물한 곡이 바로 <자장가>다.

유부녀한테 곡을 헌정하는데 <사랑의 노래>나 <그리움> 같은 제목은 불필요한 오해의 소지가 있을 수 있으니 자장가만큼 마음 편한 제목도 없지 않겠는가?

브람스의 <자장가>는 싱커페이션(Syncopation ; 같은 높이의 센 부분과 여린 부분이 이어져서, 셈여림의 위치가 바뀌는 것. 당김음이라고도 한다.)이 많이 사용된 노래로, 가사없이 들음년 피아노 반주부의 그 파격에 가까운 싱커페이션은 아기를 재운다기보다는 베르타를 부드럽게 애무하는 느낌으로 다가오기도 한다.

어렸을 적에 들었던 것으로 기억하는 어머니나 할머니의 우리 <자장가>는 분명 반주가 없고 불협화음의 선율이 무한 반복되는 일종의 백색소음white noise이었다. <자장가>는 반복적으로 들리는 수동적인 '히어링hearing'을 의미하지, 집중해서 듣는 적극적인 '리스닝listening'은 아니다. 내 생각엔 베르타도 이 노래를 아기를 위해서 부른 것 같지는 않다. 홀로 아련한 생각에 잠겼을 수는 있다.

어쨌든 브람스의 곡들 중 대중에게 가장 '핫'한 곡이 바로 이 <자장가(Wiegenlied, Op.49, 1868년 출판/5Lieder Op.49 중 4번째 노

래/짐 로크사)>다.

여기서 짚고 넘어가고 싶은 것은 <자장가> 피아노 파트에 왈츠의 선율을 쓴 이유가 브람스가 아꼈던 베르타가 왈츠를 즐겨 불러서 그녀를 생각하며 썼다는 것이다. 그녀가 즐겨 불렀다는 노래는 바우만 Alexander Baumann의 빈 풍의 왈츠였다. 게다가 브람스는 왈츠의 아버지인 '요한 슈트라우스 2세(Johann Strauss II, 1825~1899)'와 절친이었다.

굳이 친분 관계를 들먹이지 않아도 왈츠는 브람스가 추구하는 음악과는 차이가 있었지만, 당시 유럽을 발버둥 치게 했던, 가장 돈 잘 벌리는 음악이 왈츠였다는 사실을 함께 생각해야만 한다. 고독과 우울의 대명사로 알려진 브람스도 대중들의 입맛에 맞는 상업적 음악으로 성공했다는 것은 사실이니까!

그렇다면 왜 헤어진 지 10년이나 있다가 둘째 아기 출산 축하곡이라는 명분으로 뜬금없이 이 곡을 줬을까?

브람스가 유독 사람들을 경계한 것은 잘 알려진 바다. 브람스의 그 유별난 성격이 헤어진 여인에게 한참 있다 곡을 헌정하거나, 아니면 괜히 다른 사람한테 주는 경우가 종종 있었다.

가령 브람스가 약혼까지 생각했다고 알려진 '아가테'에게도 헤어진 지 5년 후에 <현악 6중주곡 G장조 Op.36번>을 헌정하는가 하면, 1854년(슈만의 사망 2년 전) '클라라'에게 준 연애편지를 태워버리라고 말하기도 했고, 클라라의 말년에 바친 것으로 굳어진 <네 개의 엄숙한 노래(1896년 5월)>도 클라라가 아닌 친구였던 화가 '막스 클링거(Max Klinger, 1857~1920)'에게 헌정했다. 이쯤 되면 자신의 심정이 곧바로 음악을 통해 유추되고 해석되는 것을 피하려고 했던 것으로 보인다.

<자장가>도 크게 다르지 않다.

베르타를 만날 당시 25세였던 브람스는 가난했지만 용모가 대단한 소위 '꽃미남'이었다. 엄청난 '훈남'이 여성 합창단의 지휘자였다는 사실을 상상해보자. 브람스를 피아노 학원 벽에 걸린 액자 속에서 수염을 기른 배불뚝이의 무뚝뚝한 모습만으로 기억한다면 그는 너무 억울하다. 실제로 수염을 기르기 시작한 것은 45세 이후다.

함부르크에서 청년 브람스가 지휘했던 그 여성 합창단은 처음에 4명의 소녀로 시작해서, 3년 동안 40명으로 늘어난 합창단이다. 그리고 그 합창단을 그만둔 지 8년 후, 예전의 아름다운 시절을 그리며 단원 중 한 명이었던 베르타에게 '자장가'란 이름으로 사랑의 되새김질을 한 곡이 바로 <자장가>다.

브람스와 마틸다, 유럽의 조명을 벗어난 은밀한 관계

브람스를 클라라하고만 연관을 짓는 것은 전적으로 후대 사람들이 사랑을 순결하게만 보고자 하는 욕망의 구속이다. 브람스는 많은 여성과 사귀었던 열정적인 사람이었다. 브람스의 수많은 여성들 중 바그너의 연인으로만 알려진 마틸다 뵈젠동크와 브람스의 관계를 들여다보자.

여인의 진정한 아름다움은 40이 넘어야 제대로 아닌가?

이제 막 40대로서 여인이 지닌 아름다움의 최고조에 있는 마틸다 베젠동크(이하 마틸다)와 5살 연하의 브람스, 유럽의 조명을 벗어난 그들의 은밀한 관계를 짚어본다.

독일시인이며 작가였던 마틸다 베젠동크(Mathilde Wesendonck,1828-1902)는 바그너의 후원자이며 확인되지는 않았지만 꽤 가능성있는 바그너의 정부로서 음악사의 페이지를 화려하게 장식한 여성이다. 바그너의 여성 편력이야 너무 유명해서 바그너의 연정에 마틸다가 같은 마음으로 대응했는지 정확히 알길은 없지만, 호사가들에게는 좋은 소재거리를 제공하는 여인임에는 틀림없다. 1848년 그녀는 실크 상인 오토 베젠동크Otto Wesendonck와 결혼했다. 오토는 바그너 음악의 숭배자였으며, 1852년 오토와 그의 아내 마틸다는 취리히에서 바그너를 만나 후원이 시작되었다. 1857년은 바그너가 마틸다에게 넋을 놓은 한해로 기록되어 있다.

확인 되지 않은 남녀관계에선 남자 쪽이 험담을 껴안는 것은 억울해도 할 수없는 일이다.

후원으로 아무리 두 겹 세 겹 포장해서 보려 해도 두 사람 다 아내와 남편이 두 눈 뜨고 있는데 그 관계가 한쪽에만 편중될 수는 없고 더욱이 오래가기를 바란다는 것은 애초에 무리다.

바그너의 아내 민나의 질투도 질투지만 사실, 1858년에 그간 꾹 참고 있던 마틸다의 남편오토의 분노로 바그너에 대한 후원이 끊겼다고 보는 것이 설득력 있다.

음악적인 후원관계 말고도 1850년대 바그너와 마틸다는 이런 저런 관계에 너무 연루되어 있었다.

그런데 여기서 얘기하고자 하는 것은 바그너와 마틸다의 관계가 아니라 바그너가 떠나고 나서, 마틸다의 안테나에 포착된 브람스와의 미스테리한 관계이다. 1865년 가을 브람스는 독일레퀴엠 작업을 위해 스위스를 방문했는데 이때 마틸다 베젠동크의 주목을 받기 시작한다.

1865년은 브람스와 마틸다에겐 잊을 수 없는 해였을 것이다. 그해 2월에 브람스는 그토록 사랑하던 어머니가 돌아가셨고, 그로 인해 이미 오래전에 작곡을 하다 묻혀뒀던 독일 레퀴엠을 다시 작곡하기 시작했다. 그 해는 마틸다 입장에선 이미 6년 전에 자신의 곁을 떠나간 바그너가 자신을 위해 쓴 오페라 '트리스탄과 이졸데'가 초연된 해였다. 물론 그녀는 더 이상 바그너가 사랑하는 이졸데는 아니었다. 바그너에게는 새 연인 코지마와의 사이에서 난 딸 이름을 이졸데로 지었으니까. 게다가 바그너가 이전에 자신에게 선물로 준 그의 자필원고와 '라인의 황금' 총보를 돌려달라는 기막힌 요구를 들은 후였다. 아무리 헤어진 사이라 하더라도 당시 마틸다의 마음상태를 짐작하기란 그리 어렵지 않다. 바로 그때 잘생긴 브람스를 만난게 된 것이다. 브람스역시 자신의 작품을 인정해 주는 매력적인 연상의 여인을 마다하진 않았다. 14세 연상의 클라라보다는 한참 어리지 않던가? 그런데 1865년은 브람스가 마틸다에게 바로 애정 또는 우정을 표현하기엔 바그너와 자신을 둘러싼 구설수 때문에 애매한 해이기도 했다.

바그너가 리스트의 딸이자 한스 폰 뷜로의 아내였던 코지마와 대담한 스캔들을 벌이며 딸까지 낳아 스위스로 쫓겨났는데, 바그너는 그 폭로의 배후인물을 20세 연하의 한때는 자신을 수하처럼 따르던 브람스라고 지목한 후 둘 사이가 금이 간지 몇 년 안됐기 때문이었다.

어쨌든, 1867년부터 1871년 사이 브람스와 마틸다는 우정과 애정의 경계선에 있는 편지를 주고받았다. 그중 10통만이 현재 남겨져 있어 이 둘의 관계를 짐작케 한다.

마틸다 베젠동크는 브람스에게 편하게 지낼 집(취리히에 있는 베젠동크의 빌라,그녀는 바그너에게도 똑같이 이 집을 사용하게 하였다.)을 제안했고, 브람스 역시 관심을 보였지만 이뤄지지는 않았다.

"저는 당신이 저희 집에서 따뜻하게 머무를 수 있도록 초대하지 않고는 이 시대를 살기 싫습니다. 제가 이렇게 말하는 것은 제 할일을 하는 것이고, 나머지는 당신의 몫으로 남깁니다. 말보다는 태도로 보여주세요.......당신 방은 언제든지 준비되어 있습니다."(1868. 12. 30.)

이 편지를 보낼 때 마틸다는 막 40번째 생일(12월23일)을 보낸 후였다. 그 다음 해 1월 브람스의 답장엔 다음과 같이 쓰여 있었다.

"시끄러운 거리에 있으면서 당신이 있는 아름답고 고요한 언덕을 생각하면 마음이 훈훈해 집니다."

한때나마 바그너를 후원한 마틸다였다. 그런데 바그너가 드러내고 딴 짓을 하고 다니는데 자칭, 타칭 예술의 후원자인 마틸다의 마음이 브람스에게 기운들 누가 뭐라 할 수 있는가? 분명한건 5살 연하인 브람스와 마틸다는 음악을 매개로 사랑(또는 우정)의 관계를 서로 유지한 것은 맞다. 1881.4.16.드레스덴에서 자선행사의 일환으로 마틸다의 연극 Alkestis가 공연될때 브람스는 자신의 <Libeslieder Walzer>의 몇 곡을 제공하지만 그 이유나 활용등에 대해 기록이 없어 추측만 무성할 뿐이다.

왈츠에 붙인 사랑의 노래인 이 곡들은 소프라노, 알토, 테너, 바리톤과 2대의 피아노를 위한 성악곡이다. 이 곡은 종종 합창곡으로 불려진다. 이 당시 합창단을 지휘하였던 브람스가 합창단과 관련된 일화가 많음도 주목할 만하다. 빈의 전통적인 음악과 독일 가곡의 민속적 요소가 결합된 앙상블인 이곡은 브람스가 시도한 성악스타일의 양식 면에서도 가치가 있음에도 불구하고 브람스의 여타 기악곡속에 묻혀 있는 곡이다. 여기서는 브람스의 심경을 읽을 수 있는 가사만 대략적으로 보자.

"아름다운 소녀를 만난 즐거움에 모두 사랑을 노래하고 있는데, 그 사랑이 행복하지만은 않다. 절망의 구렁텅이에 빠지면서도, 자신의 모든 정열을 다 바친다."

물론 이 신파성 주제는 비단 브람스뿐만은 아니라 독일 로맨티시즘의 단골 레퍼토리이긴 하다. 기록에 의하면 브람스는 여름휴가를 Ischl에서 보낸다. 이곳은 베젠동크의 거주지 Tanunblick와 그리 멀지 않은 곳이다. 브람스는 클라라에게 상대적으로 면역이 됐을 수도 있다. 서로 결혼을 하지 않겠다고 한 약속은 그리 중요해 보이지는 않는다. 브람스와 클라라와는 우리가 떠드는 그런 사랑의 사슬 관계도 초월의 고귀함도 아니다. 어쩌면 브람스의 사랑은 육체적으로만 풀어갈 모노가미가 아닌 정신적인 폴리가미이다.

특히 그 면에서는 클라라보다 브람스가 더 자유롭다. 브람스는 끊임없이 클라라도 사랑하면서 동시에 다른 여성들도 사랑해 나간다. 클라라와는 사랑이라고 묶어 놓고 다른 여성들과는 굳이 우정이라고 쓰는 이유가 무엇인가?

1902년 마틸다가 죽은 뒤 지방신문 Gmuunder Zeitung에서는 브람스는 매해 여름 그녀가 있는 곳을 방문하곤 했다고 보도되어 있다.

우리는 그동안 너무 무심히 이들을 잊고 있었다.

이제 막 40대로서 여인이 지닌 아름다움의 최고조에 있는 마틸다와 5살 연하의 멋진 브람스, 그들은 비록 상상의 공간에 머물고 말았지만, 1860년대 중반, 유럽의 조명을 벗어난 그들의 은밀한 사랑은 호사가들에게서 떠나지는 않을 것이다.

음악을 통해
사람과 만나는
톡 클래식 그룹

톡 클래식 그룹은 음악을 통해 사람을 바라보고 사람을 얘기하며 사람다움을 찾아가는 모임입니다. 21세기에는 더 이상 음악과 인문학이 유통(流通)을 위한 '돈'이나 소통(疏通)을 위한 '앎'의 문제를 화두로 삼아, 삶 자체가 버거운 사람들에게 힐링의 둔갑술을 쓴 채 돌아다니면 안 됩니다.

최소한 음악은 사람들이 그 양식에 대해 보다 더 단순하게 즐길 수 있도록 다가서야 합니다. 삶에 지친 사람들에게 음악이나 인문학이 힐링이라고 들이미는 건 솔직히 어폐가 있습니다.

음악이 상실에 빠진 사람을 구해줄 수도 없고, 배고픔을 채워 줄 수도 없습니다. 하지만 여유 있는 사람이나, 좌절과 상실의 삶을 걸어가는 사람이나 그 모두의 얼굴에 잠시 미소를 머금게 할 수는 있습니다.

음악은 순간을 잊는 망각이기도 하고, 자신을 생각하게 하는 머무름이기도 하기 때문입니다. 음악은 자신이 추종하는 장르와 이데올로기만을 위해 봉사할 필요는 없습니다. 그것이 클래식이든 재즈든 대중음악이든 그 속에 자신의 삶과 생각을 담아내면 됩니다.

음악이 비록 부자로 만들어 주지는 못하겠지만, 적어도 나에게 곁을 내주는 사람이 있다는 것을 알게 해줄 수는 있습니다.

톡 클래식 그룹은 멤버들의 수준 높은 연주와 다양한 음악적 주제의 강연을 통해 사람들과 문화적 즐거움을 공유하며 품격 있는 대화를 나누고 있습니다.

책을 집필하고, 만들고, 읽는 사람들이 함께 모여 협동조합을 만들었습니다. 부지런히 한 마음 한 뜻이 되기 위해 노력하면서 새로운 책 문화를 만들어나갈 수 있도록 해보겠습니다. 한 번 조합원으로 가입하시면 가입 이후 modoobooks(모두북스)에서 출간하는 모든 책을 평생 동안 무료로 받아볼 수 있습니다.

***조합 가입비**(1구좌) 500,000원
***조합계좌** 농협 355-0048-9797-13 모두출판협동조합

조합원

강석주 강성진 강제원 권유 김욱환 김의수 김철주 김헌식 도경재 박주현 서용기 송태효
심인보 유영래 이재욱 이정윤 정은상 채승기 채한일 최중태 허정균 현기대

모두출판협동조합에서 운영하는 modoobooks(모두북스)에서는 무해유익(無害有益)하여 세상에 널리 도움이 될 수 있는 내용이라면 어떤 책이든 펴낼 만한 가치가 있다고 생각합니다. 소량다품종의 원칙으로 꾸준히 발간하되 저작권자의 요청, 개정판의 발간 등 특별한 경우를 제외하면 책이 절판되지 않도록 관리해 나갈 예정입니다.

*

modoo1 음악가 내 친구들
성악가 채승기의 음악가 이야기

modoo2 4차 산업혁명
도경재의 미래 준비 길라잡이

modoo3 타노토스가 숨어 있는 그림
권유 전작 장편소설

modoo4 시절인연
강제원의 4부작 휴먼 스토리